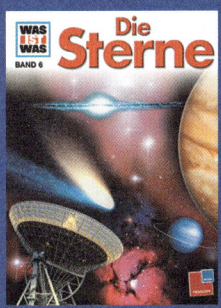
Die Sterne — BAND 6

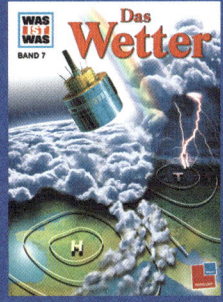
Das Wetter — BAND 7

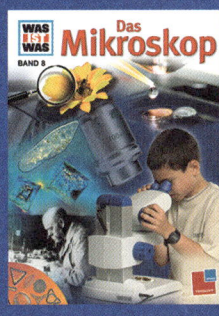
Das Mikroskop — BAND 8

Der Urmensch — BAND 9

Fliegerei und Luftfahrt — BAND 10

Hunde — BAND 11

Der Wilde Westen — BAND 18

Bienen, Wespen und Ameisen — BAND 19

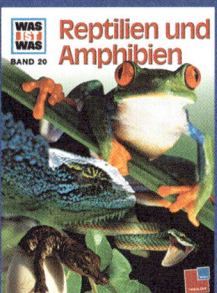
Reptilien und Amphibien — BAND 20

Der Mond — BAND 21

Die Zeit — BAND 22

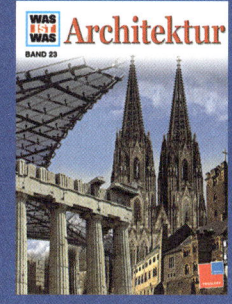
Architektur — BAND 23

Insekten — BAND 30

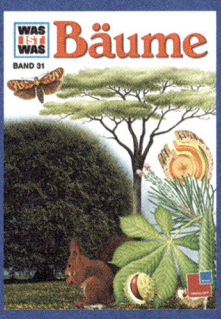
Bäume — BAND 31

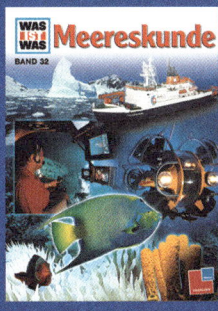
Meereskunde — BAND 32

Pilze — BAND 33

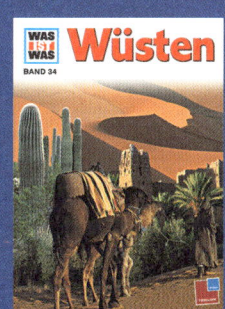
Wüsten — BAND 34

Erfindungen — BAND 35

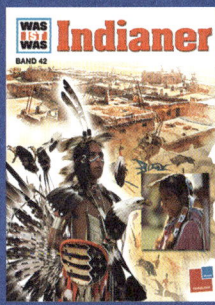
Indianer — BAND 42

Heimische und exotische Schmetterlinge — BAND 43

Die Bibel — Das Alte Testament — BAND 44

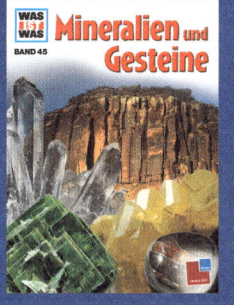
Mineralien und Gesteine — BAND 45

Mechanik — BAND 46

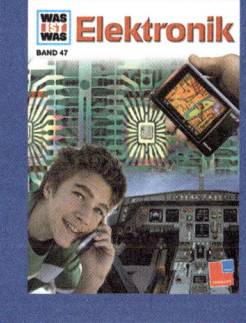
Elektronik — BAND 47

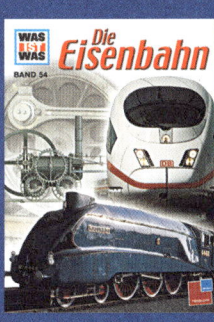
Die Eisenbahn — BAND 54

DAS ALTE ROM — BAND 55

Ausgestorbene und bedrohte Tiere — BAND 56

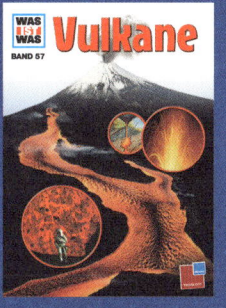
Vulkane — BAND 57

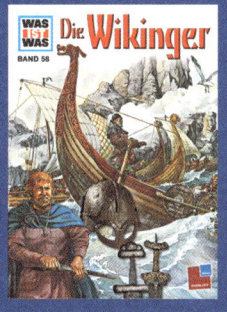
Die Wikinger — BAND 58

Katzen — BAND 59

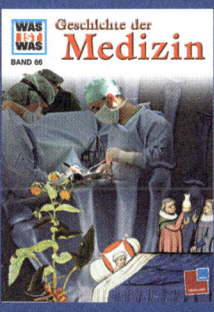
Geschichte der Medizin — BAND 66

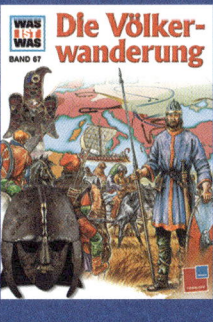
Die Völkerwanderung — BAND 67

Natur erforschen und schützen — BAND 68

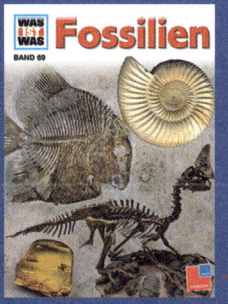
Fossilien — BAND 69

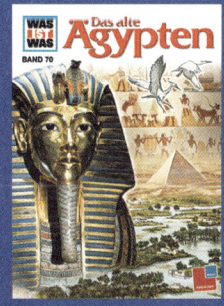
Das alte Ägypten — BAND 70

Weitere Titel siehe letzte Seite.

Ein  Buch

Fossilien

Von Prof. Dr. Werner Buggisch und Christian Buggisch

Illustrationen von Marion Wieczorek

Paläontologen legen das Skelett eines zehn Millionen Jahre alten Rhinozeros in Nebraska (USA) frei.

TESSLOFF

Vorwort

Ursprünglich bezeichnete man alles, was aus der Erde ausgegraben werden konnte, als Fossilien. Heute verstehen wir darunter die Überreste früherer Organismen. Aber es dauerte sehr lange, bis sich die Erkenntnis durchsetzte, dass Fossilien keine Zufallsbildungen der Natur, sondern Zeugen eines vergangenen Lebens sind.

Fossilien ermöglichen es uns, die Geschichte der Erde und des Lebens auf ihr während der vergangenen drei Milliarden Jahre nachzuvollziehen. Sie belegen, dass die Entwicklung des Lebens von dramatischen Rückschlägen geprägt und die Erde großen Veränderungen unterworfen war. Durch Fossilfunde können wir uns vorstellen, wie die Tiere und Pflanzen vergangener Zeiten aussahen und wie sie lebten.

Von den unzähligen Organismen, die heute die Erde bevölkern, wird nur ein verschwindend kleiner Teil fossil überliefert werden. Die meisten Tiere und Pflanzen werden gefressen, sie verwesen oder ihre Überreste werden zerrieben und aufgelöst. Dennoch hat die unvorstellbar lange Zeit der Erdgeschichte so viele Fossilien bewahrt, dass wir ihnen häufig begegnen, wenn wir die Augen offen halten.

Dieses WAS IST WAS-Buch führt in die faszinierende Welt der Fossilien ein. Der Leser erfährt, was uns Fossilien über die Verschiebung der Kontinente auf der Erde, den Wandel des Klimas und die Entwicklung des Lebens von kleinsten Lebewesen bis hin zur Vielfalt der heutigen Tier- und Pflanzenwelt erzählen. Außerdem wird von berühmten Fossilfunden berichtet und es wird erklärt, welche Schlüsse Forscher aus Fossilien ziehen können. Wer sich für das Sammeln von Fossilien interessiert, findet dazu nützliche Tipps und darüber hinaus Hinweise auf Museen, deren Besuch sich sicher lohnt.

BAND 69

Dieses Buch ist auf chlorfrei gebleichtem Papier gedruckt.

BILDQUELLENNACHWEIS:

FOTOS: Archiv für Kunst u. Geschichte, Berlin: S. 420; Archiv Tessloff Verlag: S. 110, 13ur, 17ml, 30/31u; Bridgeman Art Library, London: S. 450; Archiv des Autors: 13mr, 13ml, 17ur, 21ur, 25or, 29or, 31m, 31o, 47ul; Corbis, Düsseldorf: S. 1, 6or, 7ml, 8o, 8m (Spuren 2x), 9or, 11ml, 11or, 18o, 21o, 23or, 23m, 23ul, 23ur, 24ur, 25ol, 26m, 30u, 32ol, 33or, 34m, 36o, 37o, 37mr, 38ol, 38m, 43o, 46u; Focus Bildagentur, Hamburg: S. 7or, 9ul, 12o, 13o, 14, 15, 19o (Fossil), 19ul, 22m, 23o, 24o, 24u, 250l, 26o, 28ml, 28u, 43ur, 47um; Fränkische Schweiz Museum, Tüchersfeld: S. 400; Hess. Landesmuseum, Darmstadt: S. 47or; Prof. Dr. Höfling, Institut für Paläontologie Erlangen: S. 12u; Silvio Keller, München: S. 29ml, 30ol, 32or, 33ol; Dr. Lanser, Westfälisches Museum für Naturkunde, Münster: S. 4, 5o, 5m; Prof. Dr. Mania, Jena: S. 42m; www.NASA.gov: S. 21ul; Naturhistor. Museum, Berlin: S. 41mr; Naturhistor. Museum, Wien: S. 16o (2), 17or; Naturhistor. Museum, London: S. 16u, 27mr, 27ul, 24u, 34u, 35or; Naturkunde- u. Mammutmuseum, Siegsdorf: S. 40u; Okapia, Frankfurt a.M.: S. 11ul; Paläont. Museum, München: S. 48; www.plainpicture.de: S. 44ur; Picture alliance, Frankfurt a.M: S. 8ul, 13ml (Foraminifere), 19o (Salamander), 20u, 35ul, 41or, 43ol, 44o, 44ul, 45ml, 45u; Peter Rüdel, Gröbenzell: S. 5u, 8ur, 9m (Ammonit, Haizahn), 19u, 26u, 27o, 28m, 29o, 30mr(2), 37ol, 37ul; Christian Schulbert, Institut für Paläontologie, Erlangen: S. 9ur; Senckenberg Museum, Frankfurt a.M.: S. 17ol, 22u, 32u, 34/35o, 38u, 41ur, 43ul, 46o; Wildlife Bildagentur, Hamburg: S. 6ol, 22o

UMSCHLAGFOTOS: Corbis, Düsseldorf; Peter Rüdel, Gröbenzell; Senckenberg Museum, Frankfurt a.M.

ILLUSTRATIONEN: Marion Wieczorek

Copyright © 2006 Tessloff Verlag, Burgschmietstraße 2–4, 90419 Nürnberg

www.tessloff.com • www.wasistwas.de

ISBN-10: 3-7886-0409-3
ISBN-13: 978-3-7886-0409-7

Inhalt

EIN SPEKTAKULÄRER FUND

Manchmal werden spektakuläre Entdeckungen ganz zufällig gemacht. Und oft sind es nicht Wissenschaftler, die als Erste auf bedeutende Funde aufmerksam werden. So wie im Jahr 2000 im Sauerland, einer Region in Nordrhein-Westfalen: Dort stieß ein Mineraliensammler zufällig auf einige merkwürdig aussehende Steine. Er vermutete, dass es sich dabei um Fossilien handelte und meldete seinen Fund dem Westfälischen Museum für Naturkunde in Münster. Was er nicht wissen konnte: Er war auf eine einzigartige Fossilienlagerstätte gestoßen, denn noch nie hatte man in Deutschland so viele unterschiedliche Saurierknochen an einem Ort gefunden.

Ein Blick in die Umgebung der Fundstelle

Die Fundstelle wurde zunächst geheim gehalten. 2002 begannen dann die professionellen Ausgrabungen. Bis heute haben Wissenschaftler Hunderte Knochen gefunden, mit deren Hilfe sie Folgendes rekonstruieren konnten: Vor 130 Millionen Jahren befand sich in der flachen Ebene ein fast 35 Meter großes Wasserloch, das von vielen Tieren als Tränke genutzt wurde. Die Forscher fanden dort Überreste von Landschildkröten, kleinen hasenähnlichen Säugetieren und Krokodilen. Aber vor allem die Funde von Flugsauriern, Pflanzen fressenden Sauriern wie dem Iguanodon und gefährlichen Raubsauriern machen den Fundort so einzigartig.

Doch erst durch die aufwändige Puzzlearbeit der Paläontologen ließen sich die Fossilien den einzelnen Tieren zuordnen. Zum Beispiel fand man messerartige Zähne und Krallen von Raubsauriern, die auf eine Verwandtschaft mit den Deinonychus oder Velociraptoren schließen lassen. Diese gefährlichen Jäger lauer-

Durch die zahlreichen Fossilfunde können wir uns vorstellen, wie es an der urzeitlichen Tränke im Sauerland vor vielen Millionen Jahren vermutlich ausgesehen hat und welche Tiere dort lebten.

ten ihrer Beute an der Tränke auf. Aber auch einige der Räuber selbst kamen hier zu Tode. Die Forscher vermuten, dass manche Raubsaurier im Kampf mit ihren Opfern ins Wasser stürzten (unten). Die steilen Wände machten die Tränke zu einer Falle, aus der sich viele Tiere nicht mehr befreien konnten. Irgendwann gaben sie erschöpft auf, ertranken und sanken auf den Grund der Wasserstelle. Dort wurden sie von Schlammschichten bedeckt und blieben zum Teil bis heute als Fossilien erhalten. Wie an der Fundstelle im Sauerland beschäftigen sich Wissenschaftler weltweit mit Fossilien. Die Dinosaurier sind dabei nur ein kleiner Teil ihres Forschungsbereichs, denn die Welt der Fossilien ist äußerst vielfältig. Fossilien vermitteln uns eine Vorstellung, wie die früheren Tiere und Pflanzen ausgesehen haben, wie sich das Klima im Laufe der Zeit verändert hat, und sie ermöglichen es uns, das Alter der Gesteine zu bestimmen.

Eine Paläontologin legt an der Fundstelle vorsichtig Knochenstücke frei.

Drei Fundstücke aus dem Sauerland: oben: Kralle eines kleinen Raubsauriers; links: rechter Oberkiefer eines Pflanzen fressenden Säugetiers; rechts: Zahn eines Raubsauriers

WAS IST EIN FOSSIL?

Das Wort „fossil" ist vom lateinischen „fodere" (= graben) abgeleitet und bedeutet übersetzt „ausgegraben". Der Begriff geht zurück auf Georg Agricola (1494-1555), den Begründer der Geowissenschaften. Er bezeichnete all das als Fossilien, was aus der Erde ausgegraben wurde, also neben Tier- und Pflanzenresten auch Gesteine und Mineralien. Heute wird nur das als Fossil bezeichnet, was auf ehemalige Organismen zurückzuführen ist. Fossilien sind demnach alle Spuren und Überreste vorzeitlicher Lebewesen. Es gibt riesige Fossilien wie das 22 Meter lange Brachiosaurusskelett im Berliner Naturkundemuseum, aber auch winzig kleine Fossilien wie die Conodonten: millimetergroße Reste ausgestorbener Tiere.

Wir finden Fossilien von Tieren und Pflanzen, von ausgestorbenen Lebewesen und von heute noch existierenden Arten. Und es gibt verschiedene Arten von Fossilien. Die Wissenschaftler, die sich mit Fossilien befassen, heißen Paläontologen. Wörtlich übersetzt ist die Paläontologie die Lehre vom alten Leben – also von vergangenen oder vorzeitlichen Lebewesen.

5

Spuren und Reste vergangenen Lebens

Aasfresser zersetzen den Körper des toten Tieres.

Aasfresser wie Geier und Hyänen sowie Maden, Würmer und Bakterien zersetzen den Körper. Die Hartteile wie Knochen und Schalen sind der Witterung ausgesetzt und zerfallen. Es bleibt nichts übrig, was fossil überliefert werden könnte.

Bei der Zersetzung der Weichkörper, der Verwesung, ist Sauerstoff nötig. Eine wichtige Voraussetzung für die Fossilisation von Weichteilen ist daher das Fehlen von Sauerstoff. Dies ist zum Beispiel bei Insekten der Fall, die in Bernstein erhalten sind, einem Baumharz, das die Tiere umschloss und später aushärtete. Vergleichbares geschieht bei toten Lebewesen, die im Moor versunken sind. Auf diese Weise konserviert konnten sie einige tausend Jahre überdauern.

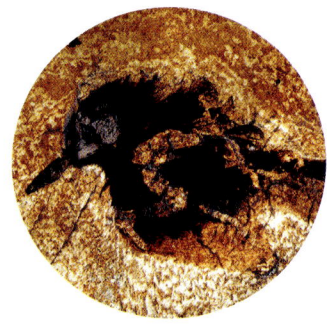

HAUTSCHATTEN

In der Regel tragen Bakterien wenig zur Fossilerhaltung bei, da sie die Körper zersetzen. Doch in seltenen Fällen können auch sie viel über das Aussehen von urzeitlichen Tieren verraten. So sind die so genannten „Hautschatten" in der Grube Messel bei Darmstadt durch Bakterien entstanden. Diese fraßen langsam die Weichteile der Tiere und gaben mit ihren Ausscheidungen den genauen Umriss des Tieres wieder, wie bei diesem Vogel aus Messel.

Unter welchen Bedingungen entsteht ein Fossil?

Die meisten Lebewesen werden nicht als Fossilien überliefert. Denn um Fossilien zu erhalten, bedarf es besonderer Umstände. In der Natur werden die Tiere meist von Raubtieren getötet und gefressen.

Der sterbende Saurier ist in einen Tümpel gestürzt. Die Weichteile des Körpers verwesen.

6

FOSSILIEN IM EIS

Auch Kälte wirkt konservierend – darum bewahren wir viele Lebensmittel im Tiefkühlschrank auf. Im ewigen Eis Alaskas und Sibiriens konnten daher sehr gut erhaltene fossile Mammuts gebor-

gen werden, wie das Mammutbaby Dima, das in St. Petersburg ausgestellt ist. Auch der Körper des Gletschermannes „Ötzi", der 1991 in den Alpen gefunden wurde, überstand die rund 5 300 Jahre seit seinem Tod nur so gut, weil er im Gletschereis tiefgefroren war.

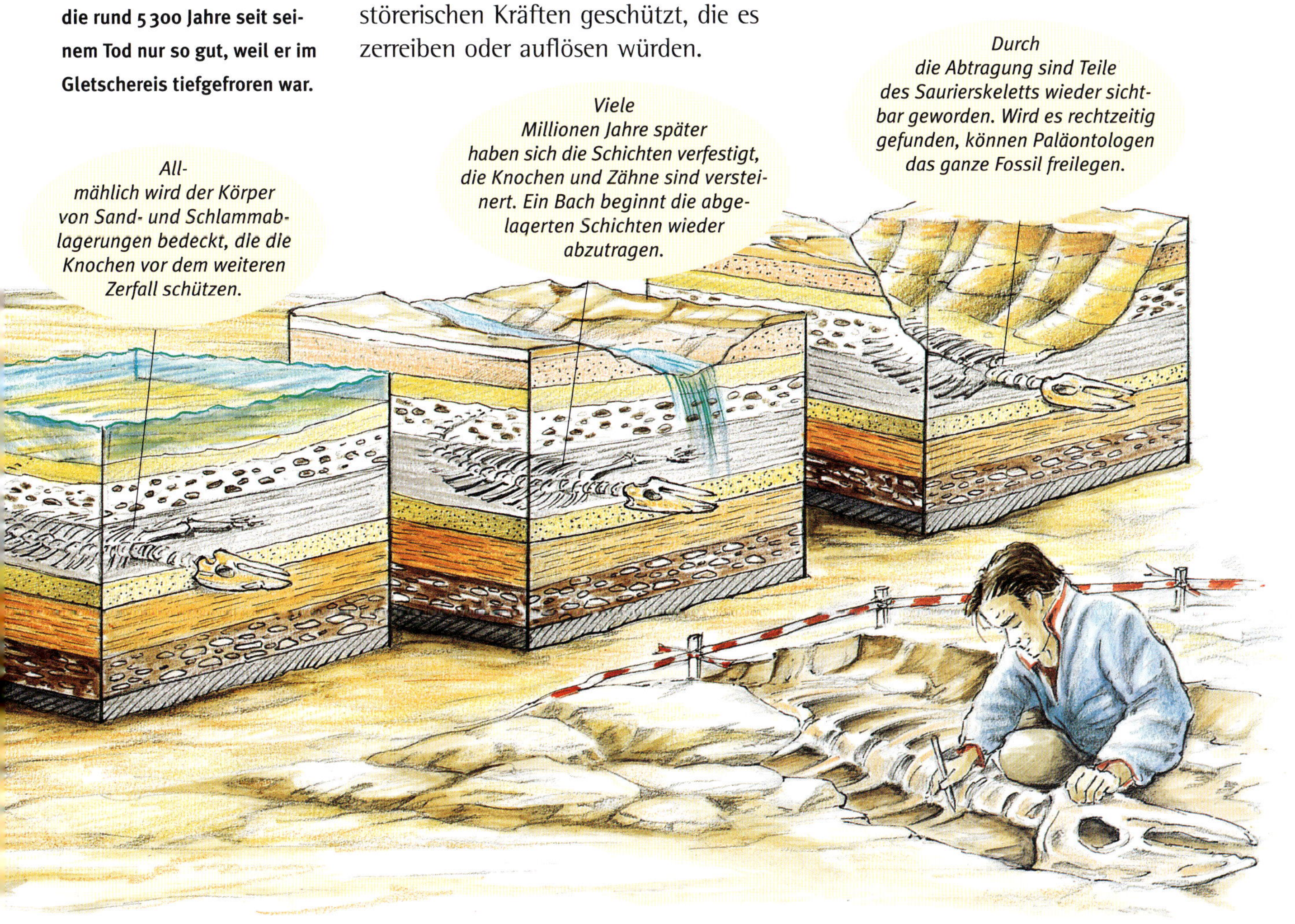

Wie entsteht eine Versteinerung?

Am häufigsten findet man Fossilien in Gesteinen, die im Meer, aber auch in Seen oder Flüssen entstanden sind. Am schlechtesten sind die Erhaltungsbedingungen auf dem Land, wo meist nur Hartteile erhalten bleiben.

Wenn die im Meer lebenden Organismen sterben, sinken sie in die Tiefe und beginnen in der Regel zu verwesen. Wenn allerdings Sauerstoff fehlt, können sogar Weichteile erhalten werden. Sonst bleiben nur Hartteile wie Schalen, Knochen oder Zähne übrig, die in lockerem Sand oder Schlamm eingebettet werden. Oft zerfallen vollständige Muscheln, Seeigel oder Fische, sodass wir nur noch einzelne Hartteile finden. Je schneller die Einbettung erfolgt, desto besser ist es für den Erhaltungszustand des Fossils. Denn nur so ist es vor den zerstörerischen Kräften geschützt, die es zerreiben oder auflösen würden.

In Bernstein eingeschlossene Insekten

Sind die Organismen im Sediment (wie man die Ablagerungen von Sand, Schlamm und Kalk nennt) eingeschlossen, können sie von weiteren Schichten überlagert werden. Dabei wird das ursprüngliche Lockersediment durch den Überlagerungsdruck in Festgestein umgewandelt. Auch die fossilen Reste versteinern während der Umwandlung, indem sich Mineralien in den Schalen und Knochen einlagern oder diese sogar ganz ersetzen. Werden die Gesteine durch Kräfte des Erdinneren herausgehoben und durch Abtragung wieder freigelegt, können die Fossilien sichtbar werden.

Durch die Abtragung sind Teile des Saurierskeletts wieder sichtbar geworden. Wird es rechtzeitig gefunden, können Paläontologen das ganze Fossil freilegen.

Viele Millionen Jahre später haben sich die Schichten verfestigt, die Knochen und Zähne sind versteinert. Ein Bach beginnt die abgelagerten Schichten wieder abzutragen.

Allmählich wird der Körper von Sand- und Schlammablagerungen bedeckt, die die Knochen vor dem weiteren Zerfall schützen.

Arten von Versteinerungen

Es gibt unterschiedliche Möglichkeiten, wie die frühere Lebenswelt überliefert werden kann. Knochen und Schalen aus Kalk oder Kieselsäure können im Gestein eingebettet werden oder sogar selbst Gesteine bilden. Häufig wird allerdings die ursprüngliche Substanz weggelöst oder in eine neue, wie Kalk, Feuerstein oder Erz, umgewandelt. Tiere ohne Schalen oder Skelette können nur als Abdrücke überliefert werden. Auch die Aktivitäten einstiger Lebewesen hinterlassen Spuren, die wir versteinert wiederfinden können. Bei den Versteinerungen können wir verschiedene Arten unterscheiden. Die wichtigsten sind Körperfossilien, Abdrücke, Steinkerne und Spurenfossilien. Eine besondere Art der Erhaltung ist die Umwandlung in Pyrit. „Goldschnecken" sind hierfür ein bekanntes Beispiel. Kurioserweise kann sogar der Kot von Tieren als „Koprolithen" überliefert werden.

SPURENFOSSILIEN

Selbst wenn der Körper eines Lebewesens nicht in Sediment eingebettet wurde und komplett verschwunden ist, kann es fossile Überreste geben. In diesem Fall spricht man von Spurenfossilien. Sie entstehen zum Beispiel, wenn ein Saurier durch Schlamm watet, und der Schlamm anschließend trocknet und versteinert. Das Gleiche kann passieren, wenn eine Schnecke den Grund abweidet, ein Wurm sich durch die Ablagerungen am Meeresgrund frisst oder ein Baum den Boden durchwurzelt. Andere Tiere leben im Sand oder Schlamm und hinterlassen uns ihre Wohnbauten. Zahlreiche Tiere durchwühlen das Sediment und zerstören auf diese Weise seine feine Schichtung. Diese Erscheinung wird von den Wissenschaftlern „Bioturbation" genannt.

Bauten von Würmern, die im Sediment lebten

Reptilien haben ihre Spuren hinterlassen: links eine Fährte von Dimetrodon, einem Vorgänger der Säugetiere, der im Perm lebte; rechts: Saurierfährten aus der Trias. Beide Spuren wurden im Süden Amerikas gefunden.

STEINKERNE

Verfügt ein Lebewesen über ein Gehäuse, wie etwa eine Schnecke, kann das Gehäuse nach dem Tod des Tieres durch Sediment ausgefüllt werden. Bei einem Ammoniten zum Beispiel kann nach der Einbettung ins Sediment ohne weiteres Schlamm oder eine kalkhaltige Lösung in sein Gehäuse eindringen. Dort verfestigt sich die Füllung mit der Zeit. Sie wird zu Stein und kann über lange Zeiträume erhalten bleiben, selbst wenn die ursprüngliche Ammonitenschale inzwischen aufgelöst ist. Eine solche Fossilerhaltung nennt man Steinkern.

Zwei Beispiele für Steinkerne: links ein Ammonit, rechts zwei Turmschnecken

KÖRPERFOSSILIEN

Von Körperfossilien sprechen wir, wenn ein Teil des Körpers oder (seltener) der ganze Körper eines Lebewesens erhalten ist. Dabei muss der erhaltene Teil nicht unbedingt aus der ursprünglichen Substanz bestehen. Ein Ammonit zum Beispiel, der vor vielen Millionen Jahren starb, sank auf den Grund des Meeres und wurde dann von Sediment bedeckt. Seine Schale bestand ursprünglich aus einer wenig stabilen Kalkform, dem Mineral Aragonit. Der Aragonit wurde im Laufe der Zeit durch Wasser, das durch das Gestein sickerte, gelöst. In dem entstandenen Hohlraum kristallisierte anschließend das Mineral Kalzit aus, sodass die Aragonitschale durch stabilen Kalk ersetzt wurde. So gefestigt konnte die Schale lange Zeit erhalten bleiben. Andere Kalkschalen können durch Feuerstein ersetzt werden. Solche verkieselten Seeigel und Schwämme finden wir besonders oft in den Kreidegesteinen von Norddeutschland, Dänemark und England. Eine Umwandlung findet häufig auch bei fossilen Knochen und Zähnen statt. Durch Aufnahme von Fluor aus dem Grundwasser wird der Knochen wesentlich widerstandsfähiger und haltbarer. Das gleiche Prinzip machen wir uns übrigens auch zunutze, wenn wir unsere Zähne mit einer fluorhaltigen Zahnpasta putzen!

ABDRÜCKE

Häufig hinterlassen Körperfossilien oder verstorbene Organismen, deren Körper nicht fossil erhalten ist, einen Abdruck im Gestein. So kann ein Ammonit im Sediment einen Abdruck seiner Schale hinterlassen. Selbst wenn er anschließend vollständig zersetzt wird, bleibt der Abdruck unter günstigen Umständen erhalten. So ein Abdruck, sei er von der Haut eines Tieres oder von den zartgliedrigen Blättern einer Pflanze, kann die äußere Form eines Lebewesens sehr genau nachzeichnen. Daher ist er für Paläontologen von großer Bedeutung.

GOLDSCHNECKEN

Manche Ammoniten werden im Volksmund auch „Goldschnecken" genannt. Sie haben aber weder etwas mit echtem Gold noch mit Schnecken zu tun. Je nachdem in welcher Umgebung ein Ammonit eingebettet wird, kann das Fossil aus unterschiedlichem Material bestehen. Gelegentlich kommt es vor, dass in Gegenwart von Schwefel die Ammonitenschale in das Mineral Pyrit umgewandelt wird – eine goldgelb glänzende Verbindung von Eisen und Schwefel, die anstelle der ursprünglichen Schale auskristallisiert. Der goldgelben Farbe verdanken die „Goldschnecken" ihren Namen.

KOPROLITHEN

Auch die Tiere früherer Zeiten haben ihre Nahrung nach der Verdauung ausgeschieden. Und selbst wenn es merkwürdig klingt: Diese Ausscheidungen können als Fossilien vorliegen und Aufschluss über das Leben in vergangenen Zeiten geben. Man nennt sie Koprolithen – abgeleitet von den griechischen Worten „kopros" für Kot und „lithos" für Stein. Es gibt sogar Gesteine, die in Rifflagunen abgelagert wurden und fast ausschließlich aus millimetergroßen Koprolithen, zum Beispiel von Würmern oder Schnecken, bestehen.

Koprolithen einer Schildkröte (links) und eines Fisches (rechts)

Evolution, Erdgeschichte und Fossilien

Was versteht man unter Evolution?

Warum gibt es so viele verschiedene Tiere und Pflanzen? Stammt der Mensch vom Affen ab? Gibt es eine Verbindung zwischen Vögeln und Dinosauriern? Mit all diesen Fragen befasst sich die Evolutionsforschung. Der Begriff Evolution kommt aus dem Lateinischen und bedeutet „Entwicklung".

Die Evolutionslehre beschreibt die Entwicklung der Lebewesen im Laufe der Erdgeschichte. Sie geht davon aus, dass Tiere und Menschen nicht unveränderlich sind, sondern sich ständig weiterentwickeln. Sie verändern ihre Form und ihre Eigenschaften, passen sich an veränderte Lebensräume an und sterben aus, wenn die Anpassung an die Umwelt scheitert.

Die Vorgänge der Evolution sind für uns nicht unmittelbar sichtbar, denn sie laufen sehr langsam ab. Bis sich deutliche Änderungen ergeben, können Tausende, ja Millionen von Jahren vergehen.

Wie „funktioniert" die Evolution?

Die Evolution ist ein komplizierter Prozess, der auf unterschiedlichen Ursachen beruht. Ein einfaches Beispiel erklärt eines der wichtigsten Prinzipien der Evolution: Menschen haben sich schon lange den Umstand zunutze gemacht, dass Tiere oder Pflanzen einer Art unterschiedliche

Im Laufe der Evolution haben ganz unterschiedliche Tiere – Killerwal (Säugetier), Pinguin (Vogel), Tunfisch (Fisch) – ihre Körperform funktionsgerecht an den gleichen Lebensraum angepasst.

Eigenschaften besitzen. Ein großer Teil dieser Eigenschaften wird bei der Vererbung an die nächste Generation weitergegeben. So war es zum Beispiel möglich, aus Gräsern Getreide zu züchten, indem man diejenigen Ähren aussuchte, die die größten Körner enthielten. Nur diese Körner verwendete man wieder zur Aussaat. In der nächsten Generation waren die Samen schon größer, aber nicht alle gleich groß. Wiederum benutzte man nur die größten Körner für die weitere Zucht. Durch diese gezielte Auswahl der Eigenschaften, die so genannte künstliche Auslese, förderten die Menschen die Eigenschaften, die ihnen günstig erschienen.

Dieses Prinzip wird von der Natur seit Milliarden von Jahren als natür-

GRÖSSE UND STÄRKE müssen bei der Evolution kein Vorteil sein: Am Ende der Kreidezeit sind die riesigen Saurier ausgestorben, die damals noch recht kleinen Säugetiere aber haben überlebt und alle Erdteile und Meere erobert. Stärke bedeutet eben nicht zwangsläufig, dass sich eine Art durchsetzt. Es gibt wesentlich stärkere Säugetiere als die Menschen, trotzdem beherrschen wir heute den Planeten. Denn im Laufe der Evolution haben wir gelernt, mit unseren Händen Werkzeuge zu gebrauchen, die die mangelnde Kraft ausgleichen.

Die heutigen Pferde haben sich aus nur hundegroßen Vorfahren entwickelt. Mesohippus (unten) hatte nur drei Zehen an jedem Fuß.

Schulterhöhe 60 cm

CHARLES DARWIN

Der englische Naturforscher Charles Darwin (1809-1882) erkannte als einer der Ersten, dass das Leben ständigen Veränderungen unterworfen ist. In seinem berühmten Buch „Die Entstehung der Arten ..." („The Origin of Species...") beschrieb er die von ihm entwickelte Abstammungslehre, die auch Darwinismus genannt wird.

Ein extremes Beispiel der Anpassung an den Lebensraum: Stabheuschrecken ahmen perfekt Pflanzen- oder Baumteile nach und wirken für ihre Feinde so leblos und uninteressant.

liche Auslese (Selektion) praktiziert. Bei jeder Vererbung werden die Eigenschaften der Eltern durch die Ei- und Samenzelle an die Nachkommen weitergegeben. Allerdings vererben die Eltern ihre Eigenschaften in ganz unterschiedlichen Kombinationen an die Kinder. Zusätzlich kommt es bei der Zellteilung zu zufälligen Veränderungen im Erbgut, so genannten Mutationen. Diese können sich positiv oder negativ auf die Lebewesen auswirken, sodass sie besser oder schlechter an die Umweltbedingungen angepasst sind. Die natürliche Auslese sorgt dafür, dass derjenige, der besser an die Umwelt angepasst ist, überlebt und seine Eigenschaften weitervererbt.

Ein Beispiel: Bei den Hirschen führt das stärkste Männchen das Rudel an und gibt seine Eigenschaften an die Nachkommen weiter. Zur Verteidigung, aber auch bei Kämpfen um die Rangordnung ist das Geweih von großer Bedeutung. Im Laufe der Evolution hat sich daher ein großes Geweih durchgesetzt. Andererseits kostet der Aufbau des Geweihs die Hirsche jedes Jahr viel Energie. Der Riesenhirsch vergangener Zeiten mit seinem mächtigen Geweih konn-

te sich daher nicht durchsetzen und starb schließlich aus. Aber woher wissen wir, wie Pflanzen und Tiere in früheren Zeiten aussahen und wie die Evolution sie verändert hat? Die Antworten hierauf liefern die Fossilien und die Paläontologen, die sie deuten.

Die Skelette zeigen einen ähnlichen Aufbau, der entsprechend der jeweiligen Aufgabe abgewandelt ist – dies lässt auf eine Abstammung von gemeinsamen Vorfahren schließen.

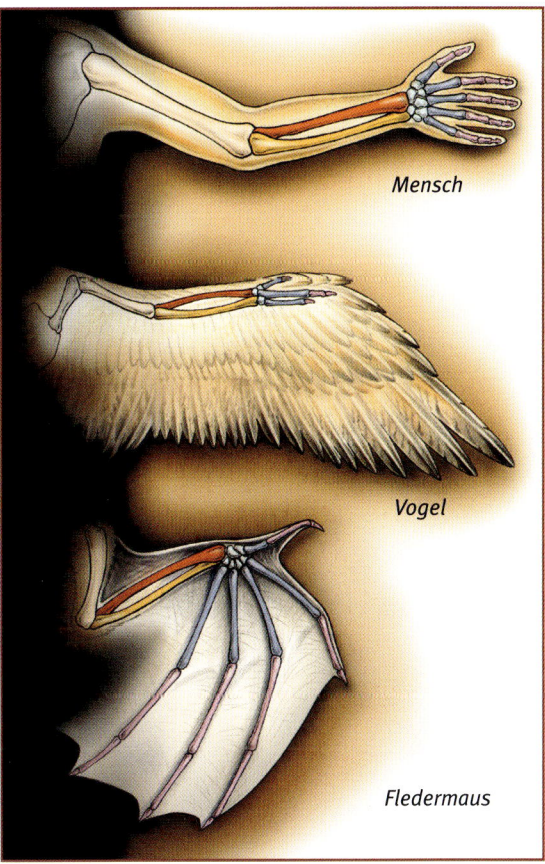

Mensch

Vogel

Fledermaus

Wie ist das Leben auf der Erde entstanden?

Schon seit langem suchen Wissenschaftler nach dem Ursprung des Lebens. In Experimenten ist es bisher gelungen, einfache Bausteine des Lebens im Labor künstlich zu erzeugen. Die Versuche haben gezeigt, dass Leben entstehen kann, wenn Blitzentladungen auf eine Atmosphäre aus einfachen Verbindungen von Stickstoff, Kohlenstoff und Wasserstoff treffen. Die Luft durfte dabei aber keinen freien Sauerstoff enthalten, denn selbst geringe Mengen davon hätten die ersten Bausteine des Lebens sofort wieder vernichtet (genauer gesagt oxidiert). Früher nahmen die Wissenschaftler an, dass die Ur-Atmosphäre zu Beginn der Erdgeschichte frei von Sauerstoff war. Heute glaubt man dagegen, dass in der Luft schon immer Spuren davon enthalten waren, wenn auch wesentlich weniger als heute. Das erste Leben kann also nicht in einer sauerstoffhaltigen Atmosphäre entstanden sein.

Woher kommt dann aber das Leben? Theoretisch könnte es aus dem Weltraum mit Kometen oder anderen

In der Umgebung der „Schwarzen Raucher" könnte das Leben entstanden sein.

Himmelskörpern auf die Erde gelangt sein. Wahrscheinlicher ist aber ein irdischer Ursprung. Wir müssen daher nach Orten suchen, an denen warmes Wasser auftritt, das frei von Sauerstoff und reich an den Bausteinen des Lebens ist. Bei der Erkundung des Meeresbodens hat man an den großen untermeerischen Gebirgsrücken heiße Quellen gefunden, die viele gelöste Stoffe enthalten. Diese Stoffe verbrauchen den Sauerstoff im Wasser. Weil dabei dunkle Wolken im Wasser entstehen, werden die Quellaustritte als „Schwarze Raucher" bezeichnet. In dem sauerstofffreien

SAUERSTOFF

Unsere Luft besteht heute zu etwa einem Viertel aus Sauerstoff und zu drei Vierteln aus Stickstoff. Ohne Luft könnten fast keine Pflanzen oder Tiere überleben, die derzeit die Erde bevölkern. Selbst die meisten Organismen, die wie Fische im Wasser leben, sind auf Sauerstoff angewiesen. Zu geringe oder deutlich erhöhte Sauerstoffkonzentrationen würden dem heutigen Leben schnell ein Ende bereiten.

Meerwasser, das die „Schwarzen Raucher" umgibt, findet man einfache urtümliche Bakterien, die den ersten Organismen auf der Erde sehr ähnlich sind. Deshalb gehen die meisten Wissenschaftler heute davon aus, dass das Leben vor einigen Milliarden Jahren am Meeresgrund in der Umgebung von „Schwarzen Rauchern" entstanden ist.

1,9 Mio. Jahre alte einzellige Mikrofossilien im Querschnitt

Was erzählen Fossilien über die Entwicklung der Erde?

Das wissenschaftliche Fundament für die Entwicklungsgeschichte der Erde legte Nicolaus Steno (1638-1686). Er entdeckte als einer der Ersten das Prinzip der „Stratigrafie". Es beruht auf der Erkenntnis, dass ältere Erd- und Gesteinsschichten in der Regel tiefer liegen als jüngere. Um das zu verstehen, hilft uns ein anschauliches Beispiel aus der Natur, das nach dem gleichen Prinzip funktioniert: Wenn man einen Baum absägt, kann man anhand der Ringe an der Schnittstelle ablesen, wie alt der Baum ist. Die älteren Jahresringe befinden sich dabei weiter innen, die äußeren Ringe sind erst in jüngerer Zeit entstanden.

Das Gleiche begegnet uns bei der Schichtenfolge der Erde: ältere Gesteine liegen weiter unten, jüngere finden sich weiter oben. Die wissenschaftliche Beschreibung dieser zeitlich aufeinander folgenden Schichten wird Stratigrafie genannt. Von Biostratigrafie spricht man, wenn Fossilien, die in unterschiedlichen Schichten gefunden werden, zur Altersbestimmung herangezogen werden. Auch hierbei gilt: Fossilien in unterschiedlichen Schichten müssen unterschiedlich alt sein, wobei jüngere Fossilien weiter oben zu finden sind als ältere.

Dabei muss man allerdings beachten, dass sich die Schichtenfolge der Erde nicht immer „ordentlich" von unten nach oben und von alt nach jung präsentiert. Die Erde ist ständig in Bewegung, Kontinente

Die Schichtenfolge zeigt die nach und nach abgelagerten Gesteinsschichten.

wandern, Vulkane brechen aus, Gebirge werden herausgehoben und lang gestreckte Gräben brechen ein. Dadurch wird die Schichtenfolge immer wieder gestört, ganze Gesteinspakete werden gekippt und gefaltet, und manchmal wird das Unterste zuoberst gekehrt.

Anhand der Jahresringe kann man das Alter eines Baumes bestimmen.

Was sind Leitfossilien?

Da sich das Leben auf der Erde ständig weiterentwickelt hat, sind immer neue Arten entstanden und andere ausgestorben. In unterschiedlich alten Gesteinen finden sich daher unterschiedliche fossile Organismen, die in dieser Zeit gelebt haben und für die Schichten charakteristisch sind. Fossilien, die im Rahmen der Biostratigrafie für die Altersbestimmung geeignet sind, nennt man Leitfossilien.

Sie ermöglichen es, das Alter einzelner Schichten zu bestimmen und die Erdgeschichte so zeitlich genau zu untergliedern. Allerdings kennen wir dadurch nur das „relative" Alter einer Schicht. Wir wissen also, ob eine Schicht älter oder jünger ist als eine andere. Um das „absolute" Alter, also eine Angabe in Jahreszahlen, zu er-

Leitfossilien wie Trilobiten, Brachiopoden oder Ammoniten ermöglichen die Bestimmung des Alters einer Gesteinsschicht.

mitteln, nutzt man andere Methoden.

Ideale Leitfossilien sind Arten, die nur relativ kurze Zeit bestehen und sich dann in andere Arten weiterentwickeln. Sie sollten weit verbreitet sein und so leicht gefunden werden können. In der Erdgeschichte waren dies zunächst die Trilobiten, dann die Graptolithen, später kamen die Ammoniten hinzu und in jüngster erdgeschichtlicher Zeit die Säugetiere.

PRÄKAMBRIUM	KAMBRIUM	ORDOVIZUM	SILUR	DEVON	KARBON
vor 4,6 Mrd. Jahren	542 – 488 Mio. Jahre	488 – 443 Mio. Jahre	443 – 416 Mio. Jahre	416 – 359 Mio. Jahre	359 – 299 Mio. Jahre

ERDALTERTUM

DIE LEBEWESEN IN DEN ERDZEITALTERN

Nesseltiere: *Qualle (1), Seefeder (2);* **Schwämme:** *Archaeocyathus (3);* *Trilobit (4); Graptolithen (5);* Brachiopoden (7); **Kopffüßer:** *Orthoceras (6), Ammonit (13);*
Pflanzen: *Cooksonia (8);*
Fische: *Birkenia (9), Pteraspis (10), Quastenflosser (12);*
Amphibien: *Acanthostega (11);*
Insekten: *Riesenlibelle (14);*
Reptilien: *Hylonomus (15), Dimetrodon (16), Coelophysis (17), Diplodocus (19), Iguanodon (21), Triceratops (22);*
Vögel: *Archaeopteryx (20);*
Säugetiere: *Megazostodon (18), Gompotherium (23), Hyracotherium (24), Wollnashorn (25), Mensch (26)*

Was sind die Erdzeitalter?

Mithilfe von Leitfossilien haben Paläontologen die Erdgeschichte in vier große Abschnitte untergliedert. Die Frühzeit der Erdgeschichte ohne fossile Hartteile wird Präkambrium genannt, also übersetzt „Zeit vor dem Kambrium". Darauf folgen das Erdaltertum, das Erdmittelalter und die Erdneuzeit. Nach den griechischen Worten „palaios", „mesos" und „kainos" für „alt", „mittel" und „neu" sowie „zoon" für „Lebewesen" werden sie auch Paläozoikum, Mesozoikum und Känozoikum genannt.

Das Paläozoikum begann vor 542 Millionen Jahren, das Mesozoikum vor 251 Millionen Jahren und das Känozoikum schließlich vor 65 Millionen Jahren. Letzteres dauert bis heute an – wir leben also auch im Känozoikum, der Erdneuzeit.

Diese größeren Zeiteinheiten werden durch kleinere weiter untergliedert. Die Namen leiten sich zum Teil von alten Volksstämmen ab (Ordovizium, Silur), zum Teil von Regionen (Kambrium, Devon, Perm), aber auch von der Steinkohle (Karbon), von einem Gebirge (Jura) oder Gestein (Kreide). Der Name Trias („Dreiheit") kommt daher, dass die Gesteinsschichten in Deutschland aus drei Untereinheiten bestehen: dem Buntsandstein, dem Muschelkalk und dem Keuper.

PERM	**TRIAS**	**JURA**	**KREIDE**	**TERTIÄR**	**QUARTÄR**
299 – 251 Mio. Jahre	251 – 199 Mio. Jahre	199 – 145 Mio. Jahre	145 – 65 Mio. Jahre	65 – 1,8 Mio. Jahre	1,8 Mio. Jahre

ERDMITTELALTER ERDNEUZEIT

Fossilienfunde belegen, dass es

Seit wann gibt es hoch entwickelte Lebewesen?

bereits im Präkambrium eine hoch entwickelte Tierwelt gab. Allerdings besaßen diese urtümlichen Tiere noch keinerlei Hartteile, weder ein Skelett noch eine Schale. Fossilien aus dem Präkambrium werden daher selten gefunden. Auch gab es im Präkambrium kaum Tiere, die im Sand oder Schlamm des Meeresbodens lebten. Daher sind die Schichten aus dieser Zeit meist nicht verwühlt, das heißt, es gab so gut wie keine Bioturbation.

Dies änderte sich grundlegend mit dem Beginn des Kambriums. Nun siedelten Würmer in den Böden der Meere und durchwühlten die Ablagerungen, Schwämme bildeten kalkige Skelette aus und Trilobiten schützten ihre Körper mit Panzern. Diese sprunghafte Veränderung der Lebensformen wird als „kambrische Explosion" bezeichnet. Durch die nunmehr bessere Überlieferung der

Der Gliederfüßer Marella (links: Fossil, unten: ein Modell) lebte vor etwa 505 Millionen Jahren am Grund des Meeres, das damals das heutige Westkanada bedeckte.

Spuren- und Körperfossilien können die Wissenschaftler die Entwicklung des Lebens seit dem Kambrium gut rekonstruieren.

Welche Lebewesen die Erde bevölkerten, die nicht mit Skeletten oder Schalen ausgestattet waren, können wir uns weniger gut vorstellen. Ein besonderer Glücksfall sind daher Fossilfunde in Schichten des Kambriums im heutigen kanadischen Felsengebirge. Hier gab es ein Gebiet mit geringer Wassertiefe, in dem sich ein reiches Leben entwickelte. Dieses Flachwassergebiet ging

EDIACARA FAUNA

Früher nahmen Geologen an, dass höhere Organismen erst ab dem Kambrium die Erde bevölkerten. Umso überraschender war es, als man in Australien in Schichten des Präkambriums die Abdrücke von Tieren fand, die weit entwickelt waren (links Abdruck einer Qualle). Diese Funde sind als Ediacara Fauna (nach der australischen Region Ediacara) berühmt geworden. Inzwischen sind Fossilien der Ediacara Fauna weltweit nachgewiesen worden. Auch wenn die Verwandtschaft zu den heute lebenden Formen zweifelhaft ist, belegen die Funde doch eindeutig, dass es schon im Präkambrium eine hoch entwickelte Tierwelt gab.

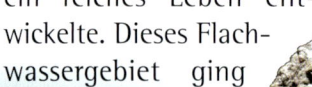

Im Präkambrium existierte in der so genannten Ediacara Fauna bereits ein hoch entwickeltes Leben. Die Tiere erinnern an heutige Seefedern und Quallen.

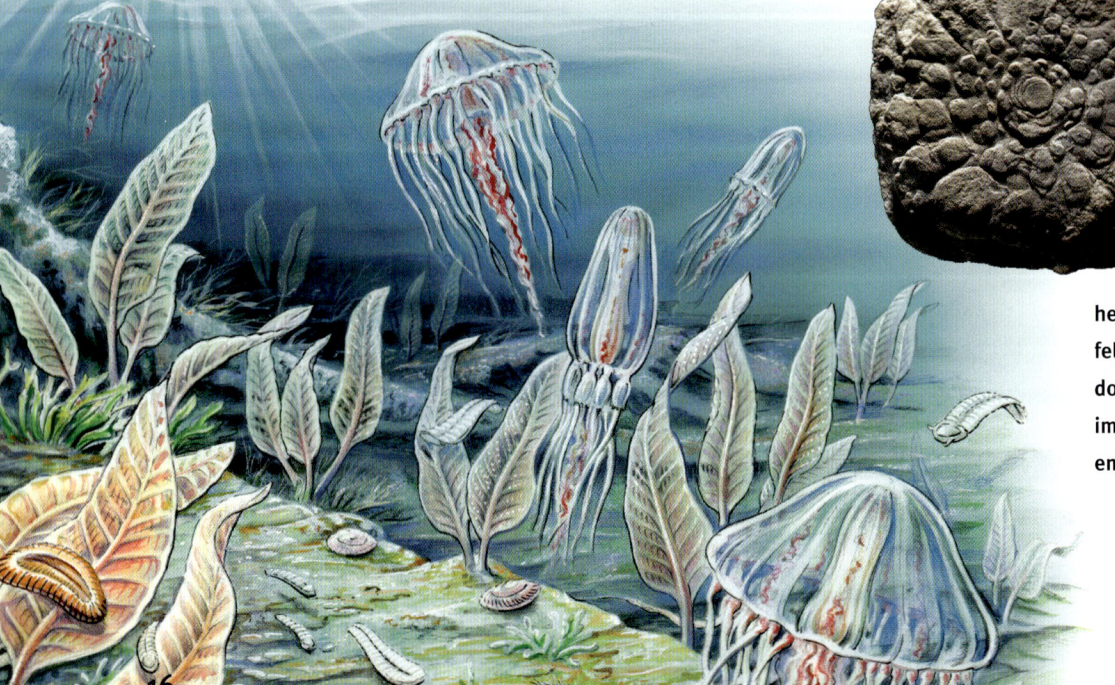

Fossiles Krokodil aus
der Grube Messel

Fossiles Palmenblatt
aus Österreich

Funde von Krokodilknochen in Deutschland und von Palmen in Österreich beweisen, dass im Tertiär in Europa ein wesentlich wärmeres Klima herrschte als heute.

über einen Steilhang abrupt in ein Becken mit sauerstoffarmem Wasser über. An diesem Steilhang brachen Lawinen aus Sand und Schlamm ab. Die kambrische Fauna wurde in das Becken geschüttet, dort begraben und blieb für die Nachwelt fossil erhalten. Durch die rasche Einbettung wurden auch die Weichteile vieler Tiere als Abdrücke erhalten. Neben Trilobiten fand man Algen, Würmer, große räuberische Arthropoden (Gliederfüßer) und zahlreiche andere Organismen, die uns heute völlig unbekannt sind.

KLIMATISCHE BARRIERE

Fossilien erzählen uns nicht nur etwas über das Klima in längst vergangenen Zeiten, sondern auch über das Aussehen der Erde und die Verteilung der Kontinente. Ein Beispiel aus der Gegenwart kann dies veranschaulichen: Am Nordpol leben Eisbären, in der Antarktis dagegen Pinguine. Würde man einige Eisbären in der Antarktis ansiedeln, würden sie sich rasch vermehren und in kurzer Zeit so viele Pinguine fressen, dass diese bald ausgestorben wären. Kein Eisbär kann aber vom Nord- zum Südpol „reisen". Er hat sich im Laufe der Evolution perfekt an die Kälte seiner Heimat angepasst. Er würde die Hitze des Äquators, den er auf seiner Reise überqueren müsste, nicht überleben. Der Äquator bildet also eine klimatische Barriere, die von Eisbären nicht überwunden werden kann. Ebenso geht es Landtieren, die einen Ozean nicht überqueren können. Australien und Neuseeland sind zum Beispiel als Kontinent beziehungsweise Insel schon sehr lange isoliert. Daher konnten sich dort Tiere entwickeln, die keine Konkurrenz von Tieren anderer Kontinente fürchten mussten. Solche Barrieren gab es natürlich auch schon in vergangenen Zeiten.

Was wissen wir über das Klima der Vergangenheit?

Bäume am Nordpol und tropische Palmen und Krokodile in Deutschland? Was heute kaum vorstellbar ist, war vor etwa 50 Millionen Jahren Wirklichkeit. In den Braunkohle- und Ölschieferschichten von Messel bei Darmstadt und im Geiseltal bei Halle an der Saale fand man fossile Pflanzen und Tiere, deren Nachkommen wir heute nur aus den Tropen kennen. Im Jahre 2004 wurden aus entsprechend alten Schichten des Nordpolarmeeres Bohrkerne geborgen, in denen man Blätter fand. Sie beweisen, dass die Länder, die sich damals in der Nähe des Nordpols befanden, bewaldet waren. Es muss also demnach zu dieser Zeit auf der Erde wesentlich wärmer gewesen sein.

In einigen Gebieten Europas finden wir aus dem Ordovizium Spuren einer Vereisung und Fossilien, die in kaltem Wasser gelebt haben. Das Devon ist durch die weite Verbreitung von Riffgesteinen gekennzeichnet, die auf ein warmes Klima hinweisen. Der Name Karbon leitet sich von der Steinkohle ab, die im Saargebiet, im Aachener Revier und im Ruhrgebiet abgebaut wurde. Diese Kohle ist aus tropischen

Regenwäldern hervorgegangen. Im Perm finden wir neben Salzablagerungen kiefernartige Pflanzen, die auf ein trockenes Klima hinweisen. Fossilien aus der Trias und dem Jura lassen wieder auf ein feuchtwarmes Klima schließen, bis es im späten Tertiär zu einer drastischen Abkühlung und zum Beginn der Eiszeiten kam. Fossilfunde in unterschiedlich alten Gesteinen weisen also darauf hin, dass sich das Klima auf der Erde im Laufe der Zeit immer wieder geändert hat.

Neben globalen Veränderungen, die immer wieder stattfanden, gibt es für die Klimaveränderungen noch einen anderen Grund. Die Erde ist kein starres Gebilde, sondern sie besteht aus Kontinentalplatten, die sich sehr langsam, aber kontinuierlich bewegen. Dadurch befanden sich im Laufe der Erdgeschichte die

> **Was hat die Plattentektonik mit Fossilien zu tun?**

Ein Paläontologe legt Knochen eines Dinosauriers frei (USA).

Kontinente an verschiedenen Stellen auf der Erde und waren je nach Lage unterschiedlichem Klima ausgesetzt.

Fossilien belegen die Bewegung der Kontinente. Ein gutes Beispiel hierfür ist die Verbreitung von Dinosauriern in Afrika und Südamerika in der Jurazeit. Fossilfunde auf beiden Kontinenten zeigen, dass die Tiere sehr nahe verwandt waren – sie müssen also eine gemeinsame Geschichte haben. Das kann aber nur möglich

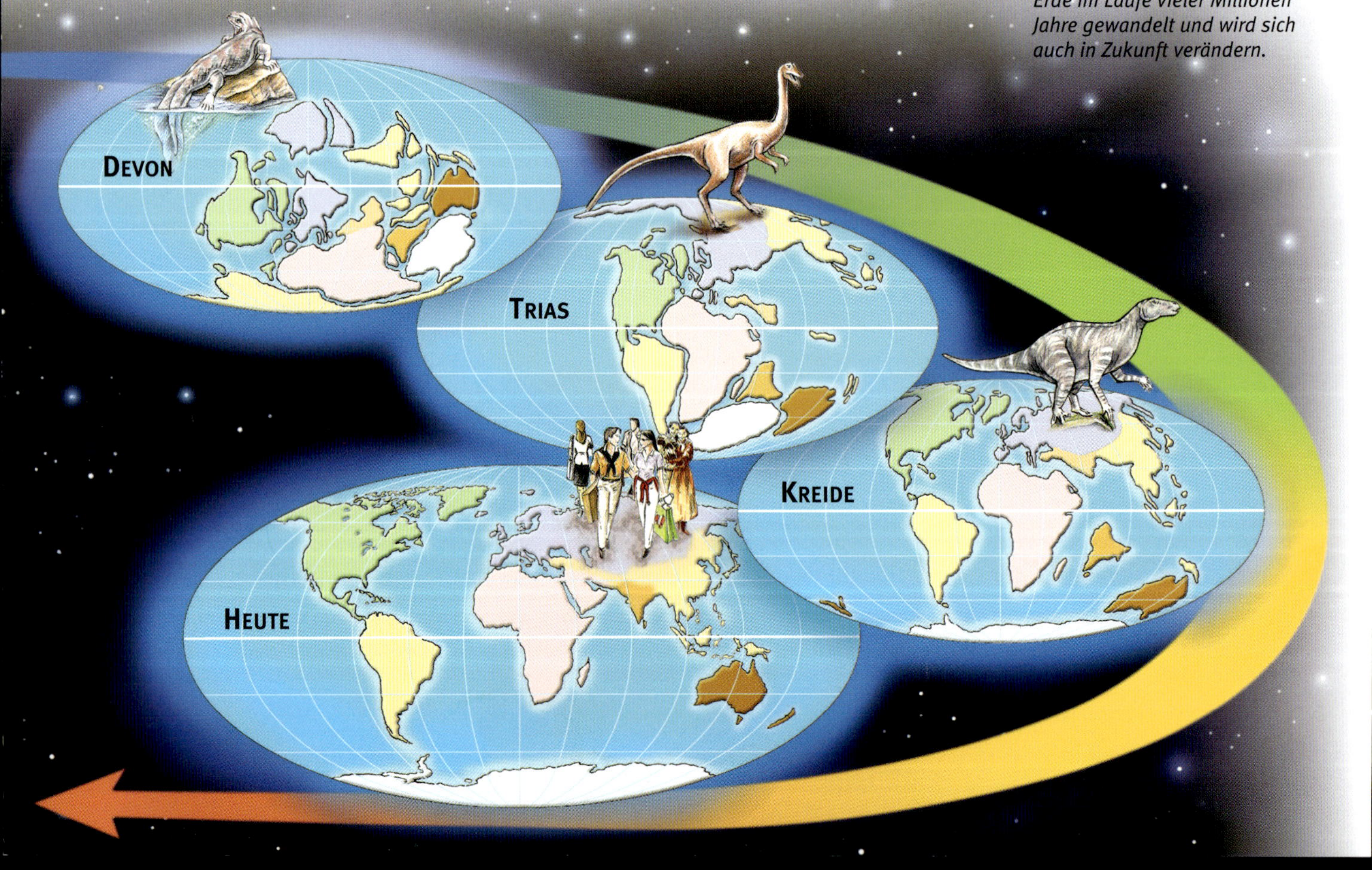

EUROPA IN BEWEGUNG

Im Ordovizium lagen Teile Europas nahe dem Südpol, dann drifteten sie nach Norden und erreichten im Devon die warmen südlichen Breiten. Im Karbon überschritten sie den Äquator und im Perm lag Deutschland auf der Breite der heutigen Sahara. Schließlich ist Europa so weit nach Norden gedriftet, dass sich während der letzten Eiszeit das Inlandeis bis nach Norddeutschland vorschieben konnte.

Die Lage der Kontinente auf der Erde ist nicht unveränderlich – sie bewegen sich langsam, aber kontinuierlich. Dadurch hat sich das Bild der Erde im Laufe vieler Millionen Jahre gewandelt und wird sich auch in Zukunft verändern.

DEVON

TRIAS

KREIDE

HEUTE

Trotz einiger Unterschiede zwischen dem Skelett heutiger Feuersalamander (rechts) und dem Fossil (oben) schließen Paläontologen aus dem ähnlichen Knochenbau, dass die versteinerten Knochen von einem ausgestorbenen Salamander stammen.

GLOSSOPTERIS

Die Pflanze Glossopteris besiedelte einst den Großkontinent Gondwana. Fossile Blattabdrücke findet man heute in Indien und auf allen Kontinenten der südlichen Erdhalbkugel. Dies belegt, dass diese Erdteile einmal miteinander verbunden waren.

gewesen sein, wenn im Jura der Atlantische Ozean, der heute Südamerika von Afrika trennt, noch nicht existiert hat. Tatsächlich ist der Südatlantik erst seit der Kreidezeit entstanden und hat die Tierwelt der beiden Kontinente voneinander getrennt.

Früher vereinte Kontinente zeichnen sich daher durch verwandte Arten aus. In Zeiten, in denen die Kontinente über die Erde verteilt waren, konnte sich auf jedem ein eigenes Leben entwickeln, ähnlich wie heute die Beuteltiere in Australien.

Ähnlichkeiten oder Unterschiede in den Tier- und Pflanzenfossilien erzählen uns daher etwas über die Verteilung der Kontinente und Ozeane auf der Erde.

Versteinerte Seeigel aus der Schwäbischen Alb zeigen, dass Süddeutschland im Jura von einem flachen Meer bedeckt war.

Was bedeutet Aktualismus?

„Die Gegenwart ist der Schlüssel zur Vergangenheit". Dies war eine wichtige Erkenntnis im 19. Jahrhundert, um geologische Erscheinungen zu deuten und Fossilien zu rekonstruieren. Heute wird dieses Prinzip als Aktualismus bezeichnet.

Einige Beispiele: Dünen sind heute in den Wüsten der Erde weit verbreitet. In Deutschland findet man in Gesteinen des Perms zahlreiche Sandsteine, die man als Ablagerungen von Dünen deutet. Daraus kann man schließen, dass zu dieser Zeit Wüsten das Landschaftsbild bei uns beherrschten. Im Jura der Schwäbischen Alb findet man dagegen Muscheln und andere Fossilien, die nur im Meer gelebt haben können. Man weiß daher, dass im Jura die Fläche des heutigen Süddeutschland von einem Meer bedeckt war.

Auch für die Rekonstruktion der Fossilien ist es wichtig, die heutige Tier- und Pflanzenwelt zu kennen. Der Skelettaufbau von Amphibien und Reptilien etwa ist heute bekannt. Finden wir nun Knochen von fossilen Wirbeltieren, können wir sie mit den heutigen Skeletten vergleichen und zum Beispiel den Amphibien oder Reptilien zuordnen. Wir können demnach durch den Vergleich mit heutigen Formen auf die Lebensweise in der Vergangenheit schließen.

Allerdings hat der Aktualismus seine Grenzen. Denn viele Tier- und Pflanzengruppen sind ausgestorben, sodass wir keinen Vergleich mit heutigen Lebewesen anstellen können.

Am Ende der Kreidezeit wurde ein Großteil des Lebens auf der Erde, vermutlich durch den Einschlag eines riesigen Meteoriten, ausgelöscht.

Warum starben manche Arten plötzlich aus?

Fossilfunde belegen, dass das Leben auf der Erde immer neue Arten hervorgebracht hat und andere ausgestorben sind. Insgesamt ist die Zahl der Tier- und Pflanzenarten im Laufe der Erdgeschichte bis heute angewachsen. Doch ging dieses Wachstum nicht stetig vor sich: Arten oder ganze Tiergruppen, die die Ozeane und Kontinente beherrschten und häufig als Fossilien gefunden werden konnten, fehlen plötzlich in der fossilen Überlieferung. So starb zum Beispiel an der Perm-Trias-Grenze nahezu die gesamte Fauna aus. Und an der Kreide-Tertiär-Grenze verschwanden nicht nur die Dinosaurier, sondern auch alle Ammoniten und viele andere Tier- und Pflanzengruppen.

Offensichtlich hat es in der Erdgeschichte mehrere schwerwiegende Einschnitte gegeben, durch die ein Großteil des Lebens auf der Erde ausgelöscht wurde.

Lange haben Geologen und Paläontologen über mögliche Ursachen diskutiert: Man vermutet, dass hierfür unterschiedliche katastrophale Ereignisse, wie heftige Vulkanausbrüche oder rasche Klimaänderungen, verantwortlich waren. Chemische Analysen von Sedimenten in Nordita-

EIN HERAUSRAGENDES „Aussterbeereignis" fand am Ende des Ordoviziums statt. Während im Kambrium und Ordovizium ein warmes Klima auf der Erde herrschte, brach nun plötzlich eine Eiszeit über die Erde herein. Große Teile der heutigen Sahara, die damals am Südpol lag, wurden mit Eis, das auch bis nach Südamerika reichte, bedeckt. Spuren der Vereisung fand man sogar in den südlichen Alpen Österreichs, in Bayern und Thüringen.

Einer der bekanntesten Meteoritenkrater ist der Barringer Meteoritenkrater in Arizona (USA). Bei dem wesentlich größeren Einschlag im Nördlinger Ries ist das ältere Gestein teilweise aufgeschmolzen und als Suevit (unteres Bild) wieder erstarrt.

lien, wo Gesteine aus dem Übergang von der Kreide in das Tertiär gefunden wurden, brachten ein überraschendes Ergebnis: Man fand hier das Spurenelement Iridium in über tausendfach erhöhter Konzentration. Später konnten solch ungewöhnliche Iridiumgehalte an der Kreide-Tertiär-Grenze weltweit nachgewiesen werden. Iridium, das auf der Erde sehr selten vorkommt, gilt als typisches kosmisches Element, da es in Meteo-

riten deutlich häufiger vorkommt als auf der Erde. Es kam daher der Verdacht auf, dass der Einschlag eines riesigen Meteoriten für das Aussterben der Saurier verantwortlich sei.

Was geschah nach dem Auftreffen des Himmelskörpers? Zunächst entstand eine unvorstellbare Druck- und Hitzewelle, die sich in kürzester Zeit ausbreitete. Wälder gerieten in Brand, der Rauch und die herausgeschleuderten Auswurfmassen verdunkelten für Tage oder gar Monate den Himmel. Kein Sonnenlicht konnte die Erde erreichen – es wurde bitterkalt. Was nicht durch Druck und Hitze umgekommen war, musste nun erfrieren.

Heute glaubt man, den Einschlagkrater bei Mexiko gefunden zu haben. Der Chixulub-Krater hat einen Durchmesser von etwa 200 Kilometern. Kügelchen aus Gesteinsglas, die aus dem verdampften Untergrund an der Einschlagstelle entstanden sind, finden sich rund um den Erdball.

DAS NÖRDLINGER RIES

Meteoriteneinschläge hat es auf der Erde immer wieder gegeben. Eines der beeindruckendsten Beispiele aus der jüngeren Erdgeschichte finden wir in Süddeutschland im Nördlinger Ries. Dort ist vor circa 15 Millionen Jahren ein etwa kilometergroßer Himmelskörper niedergegangen. Durch den Einschlag wurde ein Krater mit einem Durchmesser von etwa 25 Kilometern gerissen, der von seinen Auswurfmassen umgeben ist. Dabei

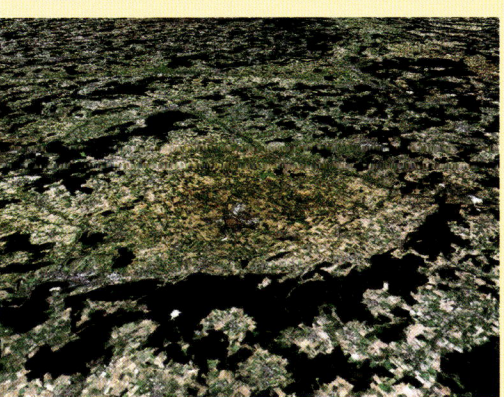

Satellitenaufnahme des Einschlagkraters heute

auch beim Chixulub-Einschlag in Mexiko entstanden. Durch diesen Meteoriteneinschlag wurde das ganze Leben im Umkreis von über 200 Kilometern vollständig ausgelöscht und weit darüber hinaus stark in Mitleidenschaft gezogen. In Nördlingen gibt es ein eigenes Museum, das sich speziell mit der Entstehung von Einschlagkratern befasst: das Rieskrater-Museum. Hier werden die Auswirkungen des

entstanden an der Einschlagstelle so hohe Temperaturen, dass die festen Gesteine zum Teil verdampften oder schmolzen. Tropfen des wieder erstarrten Gesteins sind bis nach Tschechien hinein zu finden. Ein großer Teil des geschmolzenen Gesteins erstarrte jedoch im Einschlagkrater selbst und bildete den Suevit. Dieses Gestein, das nach dem lateinischen Namen für die Volksgruppe der Schwaben (Sueben) benannt ist, ist

Ries-Ereignisses ausführlich dargestellt und mit Exponaten wie Meteoriten, Gesteinen und Fossilien erläutert. Trotz dieser Katastrophe macht sich der Ries-Einschlag in der Evolution des Lebens und dessen Überlieferung in Fossilien nicht bemerkbar. Wie viel größer muss daher der Himmelskörper gewesen sein, der an der Wende von der Kreide zum Tertiär eingeschlagen ist und fast das ganze Leben auf der Erde ausgelöscht hat!

LEBENDE FOSSILIEN

„Panta rei" – „alles fließt". Mit diesem Ausspruch brachte der griechische Philosoph Heraklit vor circa 2 500 Jahren zum Ausdruck, dass sich alles verändert und nichts beständig ist. Auch in unserer heutigen Welt verändern sich Technik, Medizin, aber auch Politik, Kunst und Mode in rasantem Tempo.

Bei den Tier- und Pflanzenarten benötigen Veränderungen hingegen sehr viel mehr Zeit. Aber auch hier sorgt die Evolution dafür, dass „alles fließt" und über große Zeiträume hinweg Veränderungen stattfinden. Allerdings gibt es auch Lebewesen, die sich sehr lange Zeit überhaupt nicht oder kaum verändert haben. Ein Beispiel hiefür sind die so genannten lebenden Fossilien. Darunter versteht man Lebewesen, die seit Millionen von Jahren nahezu unverändert existieren. Von ihnen gibt es sowohl fossile Funde als auch rezente, also heute noch lebende Exemplare. Ihr altertümlicher „Bauplan" hat sich also bis heute bewährt. Oft findet man sie in geografisch und ökologisch isolierten Gebieten wie Inseln oder in der Tiefsee, wo Feinde weitgehend fehlen und die Überlebenschancen daher größer sind.

Lebende Fossilien gibt es in allen größeren Tier- und Pflanzengruppen. Bekannte lebende Fossilien sind zum Beispiel Haie. Zähne von heute noch lebenden Haiarten hat man in rund 100 Millionen Jahre alten Gesteinen gefunden. Etwas weniger bekannte lebende Fossilien sind der Ginkobaum, der Quastenflosser, der Pfeilschwanzkrebs und der Nautilus.

Ginkobäume findet man heute in vielen Parkanlagen.

GINKOBAUM

Die Ginkopflanzen gibt es seit ungefähr 200 Millionen Jahren. Sie waren in Europa, Nordamerika und Asien verbreitet, allerdings überlebte nur eine Ginkoart („Ginko biloba") in Japan und China die letzte Eiszeit. Im 18. Jahrhundert wurde die Pflanze von Reisenden nach Europa gebracht und seitdem immer wieder in botanischen Gärten und Parkanlagen kultiviert. Seinen fächerförmigen Blättern verdankt der Ginko auch den Namen Fächerblattbaum oder Fächerbaum.

Die Einordnung des Baumes war für die Wissenschaftler schwierig, da es sich botanisch weder um einen Laub- noch um einen Nadelbaum handelt. Schließlich hat man für ihn eine eigene Abteilung geschaffen: die Ginkopflanzen, deren einziger Vertreter er ist. Der Ginko kann bis zu 40 Meter hoch und einige hundert Jahre alt werden. Früher hat man ihn in Tempelanlagen gepflanzt, heute verwendet man seine Früchte und Blätter in der Pflanzenheilkunde.

Fossile Ginkoblätter

QUASTENFLOSSER

Bis 1938 galten die Quastenflosser als ausgestorben und waren nur fossil bekannt. Im gleichen Jahr wurde im Indischen Ozean ein unbekannter Fisch aus dem Wasser gezogen, der als Quastenflosser identifiziert werden konnte – eine wissenschaftliche Sensation! Seitdem sind mehrere Quastenflosser sowohl gefangen als auch in ihrem natürlichen Lebensraum studiert und gefilmt worden. Der Quastenflosser hat vier paarweise angeordnete Flossen und eine dreigeteilte Schwanzflosse, deren mittlerer Teil wie ein Pinsel oder eine Quaste herausragt – daher auch der Name. Er kann bis zu 1,80 Meter lang und 100 Kilogramm schwer werden. Zwischen den ältesten fossilen Vertretern aus dem Devon und den heute lebenden Quastenflossern

Fossiler Quastenflosser

Nur noch wenige Quastenflosser leben heute in der Tiefsee.

Der Pfeilschwanzkrebs lebt heute an der amerikanischen Atlantikküste und in Südostasien. An den flachen Sandküsten findet er vor allem Muscheln und andere Weichtiere als Nahrung. Der rundliche, hufeisenförmige Körper endet in einem spitzen Stachel, der wie ein Pfeil nach hinten ragt und dem Krebs seinen Namen gegeben hat. Diese den Trilobiten ähnlichen Tiere gibt es seit mindestens 300 Millionen

(auch Latimeria genannt) gibt es kaum Unterschiede. Der Fisch hat sich also seit rund 400 Millionen Jahren nicht oder nur wenig verändert. Allerdings haben die frühen Exemplare ihre paarweise angeordneten Flossen möglicherweise dazu benutzt, sich am Meeresboden fortzubewegen, was bei Latimeria nicht mehr der Fall ist. Da sie ihre vier Flossen ähnlich benutzten wie die Tetrapoden (Vierfüßer) ihre Beine, gelten die Quastenflosser des Devons auch als Bindeglied zwischen Fischen und Amphibien. Heute allerdings ist Latimeria vom Aussterben bedroht. Man vermutet, dass es in den Tiefen des Indischen Ozeans höchstens noch 500 Exemplare gibt.

Pfeilschwanzkrebse, wie hier an der Ostküste Amerikas, gibt es schon seit dem Perm.

Jahren. Die am besten erhaltenen fossilen Pfeilschwanzkrebse in Deutschland stammen aus dem Solnhofener Plattenkalk und sind ungefähr 150 Millionen Jahre alt. Dort fand man sowohl zahlreiche hervorragend erhaltene Tiere als auch viele Spuren. Lange glaubte man, die Spuren seien von Amphibien, kriechenden Flugsauriern oder Säugetieren hinterlassen worden. Erst als man am Ende einer solchen Spur auch die fossilen Überreste des Verursachers fand, stand fest, dass die Spuren zum Pfeilschwanzkrebs gehören.

Der Nautilus, auch „Perlboot" genannt, gehört wie der Tintenfisch zur Gruppe der Kopffüßer. Er verfügt über eine schneckenhausartige Schale, die in mehrere Kammern eingeteilt ist. Bei Gefahr kann er sich in diese zurückziehen und sie mit einer Kopfklappe verschließen. Die Kammern sind zum Teil mit einem körpereigenen Gas gefüllt. Dadurch kann der Nautilus fast schwerelos im Wasser schweben. Nautiliden gab es bereits im Ordovizium vor nahezu 500 Millionen Jahren. Damals waren sie in allen Weltmeeren zu finden. Rezente Tiere gibt es nur im westlichen Pazifik und im Indischen Ozean, wo sich der Nautilus vor allem am Hang von Riffen aufhält. Seine bevorzugte Beute sind Krebse, die er nachts jagt und mit seinem papageienartigen Schnabel tötet.

Fossiler Nautilus

Dieser rezente Nautilus ist einer der wenigen Nachfahren der einst bedeutenden Nautiliden.

Wichtige Fossilien der Erdgeschichte

Was sind Trilobiten?

Zu den ältesten Fossilien, die zum Schutz vor Feinden einen harten Panzer ausbildeten, gehören die Trilobiten. Sie bevölkerten fast während des gesamten Erdaltertums die Meere und entwickelten einen nahezu unvorstellbaren Formenreichtum. Das zeigt schon ihre unterschiedliche Größe, die von einigen Millimetern bis zu fast einem Meter reichen kann.

Trotz der Formenvielfalt haben die Tiere einen einheitlichen symmetrischen Grundbauplan. Ihm verdanken die Trilobiten (zu Deutsch: Dreilapper) ihren Namen. Jeder Trilobit verfügt über einen Kopfschild (Cephalon), einen Rumpf (Thorax) und einen Schwanzschild

(Pygidium). All diese Panzerteile besitzen eine zentrale Achse (Spindel). Während Kopf- und Schwanzschild starre Gebilde sind, wird der Rumpf durch seitliche Anhänge an der Spindel, die Pleuren, geschützt, die gegeneinander beweglich sind. Dadurch kann sich ein Trilobit zusammenrollen, um so die empfindlichen Weichteile der Unterseite zu verbergen.

Im Laufe des Erdaltertums haben die Trilobiten die unterschiedlichsten Meeresräume erobert: Einige drifteten mit der Meeresströmung, andere konnten frei schwimmen oder krabbelten über den Meeresboden, und wieder andere durchwühlten den Schlamm nach Nahrung.

Trilobiten sind die ältesten Tiere, von denen wir wissen, dass sie hervorragend sehen konnten. Denn ihre Augen sind fossil erhalten. Rechts und links der Glabella finden wir auf dem Kopfschild vieler Exemplare Höcker, die mit Facetten besetzt sind. Solche Facettenaugen sind heute noch im Tierreich weit verbreitet, zum Beispiel bei den Insekten. Bei Trilobiten, die in tiefem Wasser oder Schlamm im Dunkeln lebten, war das gute Sehvermögen allerdings nicht von Vorteil. Daher haben sich ihre Augen mit der Zeit zurückgebildet oder gingen ganz verloren.

FRÜHE TRILOBITEN hatten bereits einen großen Kopf-, aber nur einen sehr kleinen Schwanzschild. Es hätte ihnen daher wenig genützt, sich zusammenzurollen. Während des Kambriums verschmolz die hintere Spindel mit den Pleuren zu einem größeren Schwanzschild. Dadurch konnten die Trilobiten durch Einrollen ihre empfindliche Unterseite besser schützen. Die Eigenschaft, Fressfeinden besser widerstehen zu können, musste also erst erworben werden.

Diagramm:
- Glatze/Glabella
- Auge
- Kopfschild
- Spindel
- Rumpf
- Pleuren
- Schwanzschild

Asaphiden aus dem Ordovizium zeichnen sich durch nahezu gleich große Kopf- und Schwanzschilde aus.

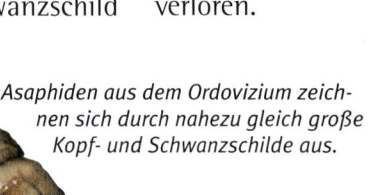

Durch Einrollen konnten Trilobiten ihre empfindliche Unterseite schützen.

oben: einzelner Brachiopode; rechts: Brachiopoden aus dem Karbon der argentinischen Anden

NAMENGEBEND für den Stamm der Brachiopoden waren ihre Armgerüste. Denn „Brachiopode" heißt so viel wie „Armfüßer" – dabei besaßen diese Tiere überhaupt keine Füße. Vielmehr waren die meisten Brachiopoden auf dem Untergrund festgewachsen und konnten sich nicht fortbewegen.

Hatten die Armfüßer wirklich Arme?

Neben den Trilobiten gehören die Brachiopoden zu den ersten Tieren, die eine harte Schale ausbildeten. Die ältesten Formen im Kambrium hatten zunächst einfache hornartige Schalen. Seit dem Ordovizium beherrschten Brachiopoden mit Schalen aus Kalk die Meere. Im ge-

samten Erdaltertum entwickelten sie eine große Formenvielfalt. Diese ermöglichte es ihnen, die unterschiedlichsten Lebensräume zu besiedeln: vom weichen Meeresboden über sandigen bis zu felsigem Untergrund.

Dabei kam der Wahl des Standortes eine besondere Bedeutung zu, denn nur die Larven der Brachiopoden konnten sich frei bewegen. Hatte sich die Larve erst einmal festgesetzt und begonnen, sich zu einem Brachiopoden zu entwickeln, lebte dieser sesshaft.

Viele Brachiopoden waren mit dem Untergrund verwachsen, an dem sie sich mit einem Stiel festhefteten. Sie konnten daher auch nicht auf Nahrungssuche gehen. Stattdessen mussten sie auf das warten, was ihnen die Strömung zutrieb. Zur Nahrungsaufnahme öffneten sie ihre Klappen und strudelten mit Tentakeln die vorbeidriftenden Nahrungspartikel

Im Devonmeer herrschte reges Leben: Schwämme (1), Stromatoporen (2), Korallen (3), Seelilien (4) und Brachiopoden (5) wuchsen am Boden, Seesterne (6), Muscheln (7) und Trilobiten (8) lebten am Meeresgrund und Panzerfische (9) suchten nach Nahrung.

in ihren Mund. Um die Tentakel zu stützen, entwickelten die Brachiopoden vielfältige kalkige Gerüste, die als Armgerüste bezeichnet werden.

Welche Tiere gehören zu den Stachelhäutern?

Alle Stachelhäuter (Echinodermen) besitzen eine gemeinsame Eigenschaft: Ihr Skelett setzt sich aus Platten oder Stacheln zusammen, die jeweils aus einem einzigen Kalkkristall bestehen.

Sie haben eine Vielfalt an Arten hervorgebracht, wie zum Beispiel Seeigel (rechts), Seesterne, Schlangensterne, Seelilien und Seegurken. Obwohl diese Namen zum Teil an Pflanzen erinnern, handelt es sich doch um Tiere.

Diese fossile Seelilie war mit ihrem Stiel auf Treibholz festgewachsen.

Stachelhäuter, die es auch heute noch gibt, kennen wir bereits seit dem Kambrium. Viele Gruppen sind im Laufe der Evolution entstanden und wieder ausgestorben. Für den Paläontologen und Fossilsammler sind Seelilien und Seeigel von besonderem Interesse.

Seelilien sind vorwiegend fest im Boden, aber auch an Treibholz verankert. Daneben gibt es auch einige frei schwimmende Formen. Ihr Körper ähnelt einer Blume: Über einem nur wenige Zentimeter bis mehrere Meter langen Stiel befindet sich ein Kelch, an dem die Fangarme befestigt sind. Im Laufe der Erdgeschichte bildeten Seelilien in den Meeren immer wieder dichte Wälder. Nach dem Absterben zerfielen die Tiere schnell in Stielglieder, Kelch- und Armplatten. Daher finden wir nur gelegentlich vollständig erhaltene Exemplare. Es kam dagegen häufig vor, dass die Stielglieder von Wellen und Strömungen zusammengeschwemmt und angehäuft wurden. Einige Kalkgesteine bestehen daher fast ausschließlich aus diesen fossilen Überresten.

Fossile Seeigel finden wir besonders häufig an den Küsten der Nord- und Ostsee, wo es Kreidegesteine gibt. In dieser Umgebung konnten die Kalkkristalle der Seeigelplatten (und seltener auch der Stacheln) durch Kieselsäure in Feuerstein verwandelt werden. Die auf diese Weise „verkieselten", also härter gewordenen Fossilien widerstehen der Witterung und werden am Strand angehäuft.

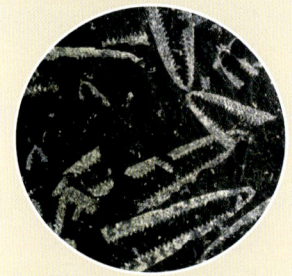

Moderne Knochenfische wie Knigthia, die vor etwa 42 Millionen Jahren lebten, waren im Gegensatz zu den Panzerfischen sehr beweglich.

HAIE gab es bereits im Devon. Sie gehören zu den ältesten noch lebenden Wirbeltieren. Zahlreiche heutige Haiarten gibt es fast unverändert seit über 60 Millionen Jahren. Da das Skelett von Haien größtenteils aus Knorpeln besteht, sind sie meist nur unvollständig überliefert. Recht häufig findet man dagegen fossile Haizähne. Nicht zuletzt, da den Haien während ihres Lebens immer wieder neue Zähne wachsen.

rechts: Kopf- und Rumpfplatte des Panzerfischs Dunkleosteus; unten der Panzer von Bothriolepsis

Gab es gepanzerte Fische?

Fische gehören zu den ältesten Wirbeltieren und bevölkern bereits seit dem Ordovizium die Meere. Zum Schutz vor ihren Feinden bildeten sie im Erdaltertum zunächst immer massivere Knochenpanzer aus, die einen großen Teil des Körpers umgaben. Dadurch wurden sie allerdings auch schwerfälliger und weniger wendig. Fossilien dieser frühen Panzerfische fand man in Deutschland unter anderem im Schiefergestein des Hunsrück.

Aber auch die Raubfische entwickelten im Devon immer bessere Gebisse, um die schwerfälligen Panzerfische zu „knacken". Schließlich erwies es sich als günstiger, leicht und beweglich zu sein, um dem Räuber zu entkommen. Wiederum zeigte sich, dass die besser angepassten Tiere – hier die Fische ohne Panzer – sich durchsetzten.

Seit dieser Zeit dominieren die Knorpelfische, zu denen die Haie und Rochen gehören, und die Knochenfische, denen die meisten heute lebenden Fische zugeordnet werden.

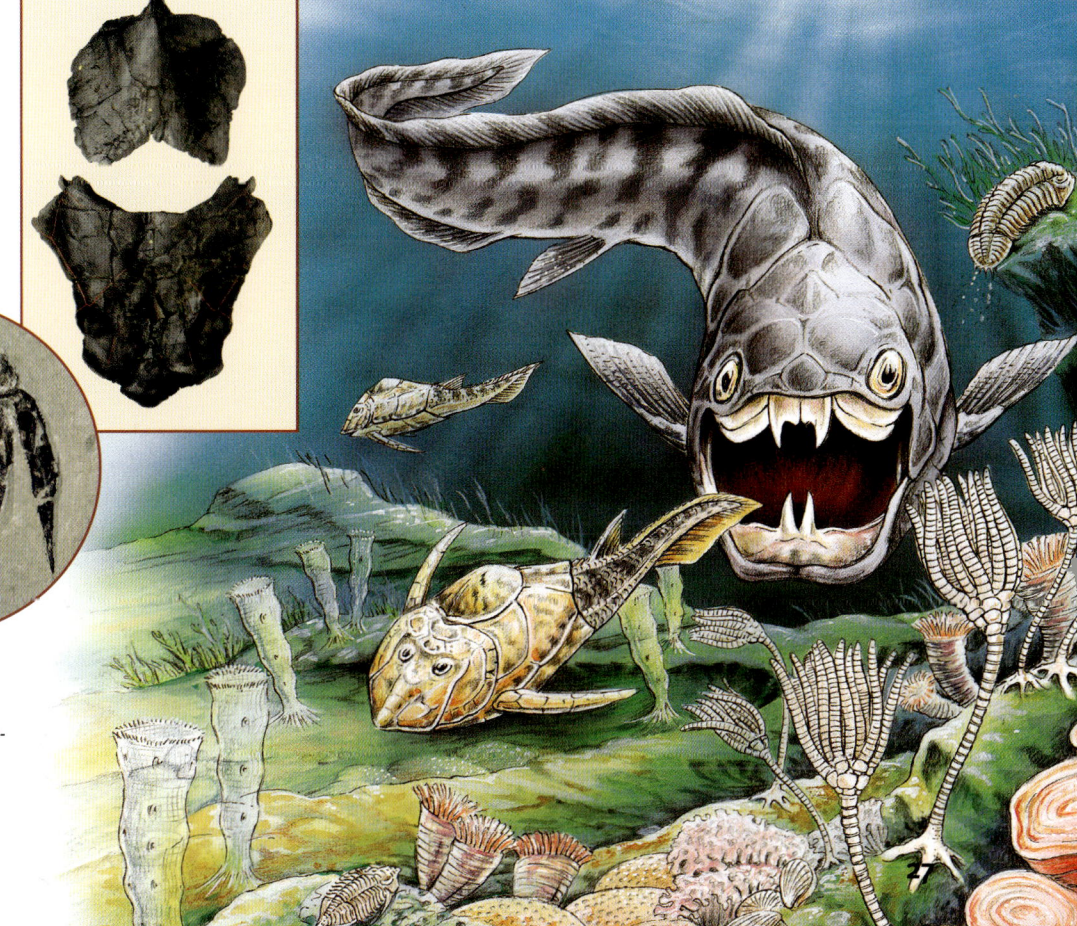

Gefährliche Räuber wie Dinichthys jagten im Devonmeer nach Beute, hier den wesentlich kleineren Panzerfisch Bothriolepsis.

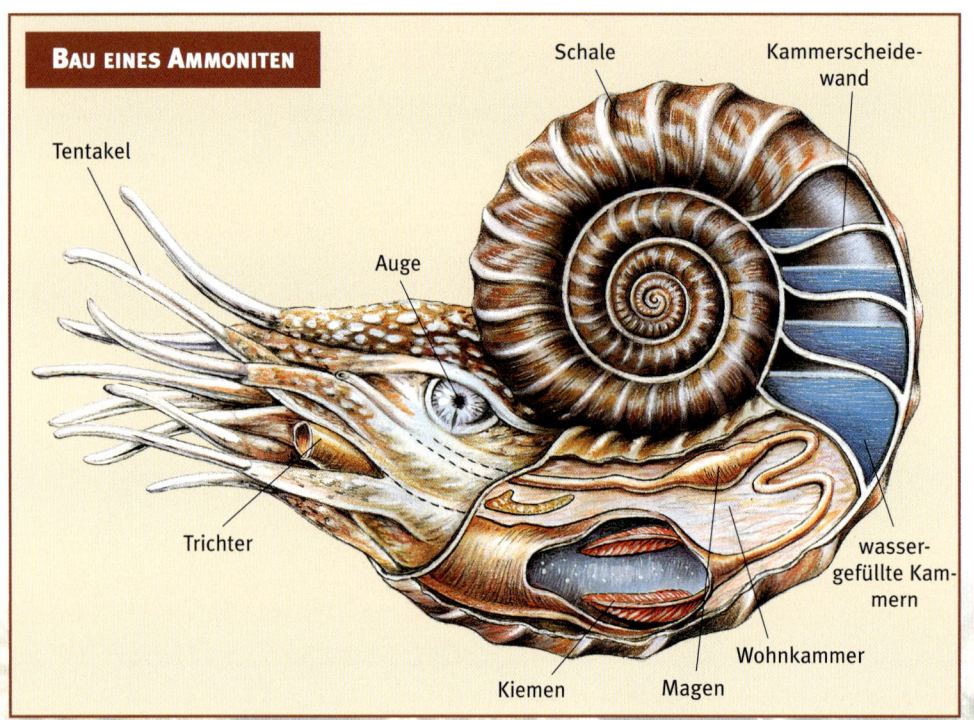

BAU EINES AMMONITEN

Tentakel

Auge

Trichter

Schale

Kammerscheide-
wand

wasser-
gefüllte Kam-
mern

Wohnkammer

Kiemen

Magen

Woran kann man Ammoniten erkennen?

Viele Weichtiere, zu denen auch die Ammoniten gehören, haben zum Schutz ihrer Körper eine feste äußere Schale entwickelt. Sie besteht meist aus Kalk und kann fossil erhalten werden. Brachiopoden, Muscheln und Schnecken sind leicht anhand ihrer Gehäuseform voneinander zu unterscheiden. Bei den Schalen von Schnecken und Ammoniten hingegen ist dies auf den ersten Blick schon schwieriger. Erst das Innere des Gehäuses zeigt mit Sicherheit, um welche Tiergruppe es sich handelt. Schneckengehäuse sind innen nämlich einfach gebaut, während Ammoniten gekammerte Gehäuse aufweisen.

Die Ammoniten zählen zu den bekanntesten Fossilien. Manche Ammoniten waren nur wenige Millimeter groß, andere Exemplare konnten bis zu zwei Meter groß werden. Obwohl die Ammoniten ausgestorben sind, gibt es heute noch eine Reihe entfernter Verwandter, die Tintenfische.

Ein Blick auf den heute noch lebenden Nautilus zeigt uns am besten, welche Aufgabe das Ammoniten-

Dieser anpolierte Ammonit aus der Kreidezeit zeigt die typische verfaltete Lobenlinie der jüngeren Ammoniten.

Ammonit aus dem Jura von Südengland

Schlitzbandschnecke

*Austern sind meist fest-
gewachsene, besonders
dickschalige Muscheln.*

*Zusammengeschwemmte
Ammoniten und Belemniten
aus dem Jura von Südengland*

gehäuse erfüllte. Der Nautilus bewohnt eine Schale, die in einer Ebene eingerollt und durch Kammerscheidewände gegliedert ist. Im
vordersten Teil, der Wohnkammer,
befindet sich der Weichkörper des
Tieres. Bei Gefahr kann er seine zahlreichen Fangarme, mit denen er seine
Beute ergreift, in die Wohnkammer
zurückziehen. Die hinteren Kammern
sind mit der Wohnkammer durch
einen fleischigen Strang, den so
genannten Sipho, verbunden. Er ver-
läuft durch Öffnungen in den Schei-
dewänden. Dadurch kann der Nautilus Gas oder Wasser in die hinteren
Kammern pumpen, um wie ein U-
Boot zu tauchen oder aufzusteigen.

Wegen dieser Fähigkeit waren
die Ammoniten gute Schwimmer, die
auch die Tiefen der Meere eroberten.
Daher finden wir fossile Ammoniten
besonders in Sedimenten, die im of-
fenen Meer abgelagert wurden. Sie
sind in Gesteinen des Jura und der
Kreide in Nord- und Süddeutschland
weit verbreitet. Sogar in Ablagerungen der tiefen Ozeane, die heute in
den Österreichischen, Schweizer und
Italienischen Alpen herausgehoben
sind, sind häufig Ammoniten eingebettet.

*Angeschliffene Kalkplatte mit Orthoceren aus
Marokko*

Die Ammoniten gehören zur
Klasse der
Kopffüßer (Tin-
tenfische), zu
der noch etwa
750 weitere Ar-
ten gehören.

Was unter-
scheidet die
Kopffüßer?

Bereits im 19. Jahrhundert fanden
schwäbische Bauern auf ihren
Äckern Ammoniten und Belemniten
in den unterschiedlichsten Formen.

In der Erdgeschichte treten die
ältesten Kopffüßer bereits im Erdaltertum auf: In Gesteinen des Kambriums und Ordoviziums finden wir
röhrenförmig langgestreckte, gekammerte Fossilien, die mehrere
Meter lang sein kön-
nen. Sie gehören zu
den ältesten Kopf-
füßern. Wegen ihrer
Gestalt wurden diese
frühen Tintenfische als
Orthoceren bezeichnet,
was im Griechischen
„gerade Hörner" be-
deutet.

Erst später in der Erd-
geschichte begannen
sich die Gehäuse einzu-
rollen. Der heutige
Nautilus gehört zu den
wenigen überlebenden

MUSCHELN UND SCHNECKEN

Rezente Muschelschalen und Schneckengehäuse können wir
heute an allen Stränden sammeln. Erste fossile Vertreter finden
wir bereits in Gesteinen des späten Kambriums. Während im
Erdaltertum andere Gruppen wie zum Beispiel die Brachiopoden erfolgreicher waren, nahm die Bedeutung der Muscheln
und Schnecken seit dem Erdmittelalter immer mehr zu. Muscheln besiedelten die verschiedensten Lebensräume. Viele
sind frei beweglich und graben im Sand oder Schlamm, andere
bewegen sich über den Meeresboden und wieder andere sind
fest mit dem Untergrund verwachsen. Darüber hinaus ist es
den Muscheln gelungen, in Süßwasserregionen vorzudringen.
Einige Schneckenarten haben sogar das Wasser verlassen und
sich dem Landleben angepasst.

Angeschliffener Belemnit aus dem Jura von Treuchtlingen (Bayern)

Nachkommen der Orthoceren.

Die Ammoniten zeigen ein Merkmal, das sich im Laufe der Evolution immer stärker ausprägte: die Kammerscheidewände. Während sie beim Nautilus ganz einfach gewölbt sind, werden sie bei den Ammo-

In der Kreidezeit nahmen die Ammoniten seltsame Formen an.

niten wie Wellblech verfaltet. Dadurch bildet die Nahtstelle der Kammerscheidewände mit der äußeren Schale bei den Ammoniten keine gerade oder einfach gekrümmte Linie mehr. Stattdessen finden wir eine mehr oder weniger verfaltete so genannte „Lobenlinie".

Anhand dieser Lobenlinie können wir bei den Ammoniten drei große Gruppen unterscheiden. Bei den Altammoniten oder Goniatiten wurden die Kammerscheidewände zunächst einfach verfaltet, was eine ebenso einfach verfaltete Lobenlinie erzeugte. Sie bevölkerten die Meere des jüngeren Erdaltertums. Später, in der Trias, finden wir Formen, bei denen die einfache Lobenlinie zum Teil weiter verfaltet worden ist. Diese Ammoniten werden als Ceratiten bezeichnet. Schließlich wurde die gesamte Kammerscheidewand ein zweites und drittes Mal gefaltet, was zur komplizierten Lobenlinie der jüngeren Ammoniten führte.

Außerdem haben außer wenigen urtümlichen Formen fast alle Ammoniten seit dem Devon eingerollte Gehäuse. Erst in der Kreide finden wir wieder gerade Ammoniten, neben Formen, die spiralige oder ganz unregelmäßige Schalen aufweisen.

In Gesteinen der Jura- und Kreidezeit sind häufig auch Überreste einer anderen Kopffüßerart, der Belemniten, zu finden. Diese im Volksmund auch „Donnerkeile" genannten Fossilien bestehen zum großen Teil aus massivem Kalk und erinnern in ihrer Form an ein Geschoss. Die Hartteile der Belemniten waren von den Weichteilen umgeben und bildeten daher ein Innenskelett, wie wir es von dem heute im Mittelmeer lebenden Tintenfisch Sepia kennen.

Kalk abscheidende Algen und Schwämme waren wichtige Riffbildner in der Trias der Dolomiten.

Fossile Korallen

RIFFGESTEINE

Manche Gesteine, insbesondere Kalkge-

GESTEINE AUS FOSSILIEN

steine, bestehen teilweise oder fast ganz aus Fossilien. Fossiler Kalk kann uns heute in unterschiedlichsten Formen begegnen. Bei einigen Südseeinseln zum Beispiel besteht der weiße Sand am Strand fast nur aus fein zerriebenen Muschelschalen und Korallenresten. Doch nicht nur Kalksand, sondern auch feinkörniger Kalkschlamm wurde vorwiegend von Tieren oder Pflanzen abgeschieden. Werden Schalen, Korallen oder Sand und Schlamm angehäuft und verfestigt, entstehen Kalkgesteine. Aus solchen Steinen werden unter anderem geschliffene Kalkplatten gefertigt und als Treppenstufen und Bodenplatten verwendet. Daher finden wir dort häufig die schönsten Querschnitte von Fossilien.

Ganze Gebirge wie die Kalkalpen oder die

GEBIRGE AUS FOSSILIEN

Dolomiten verdanken ihre Entstehung einer versteinerten Tier- und Pflanzenwelt. Doch nicht nur Korallen, Schwämme, Seelilien, Muscheln oder Kalkalgen, die mit bloßem Auge erkannt werden können, tragen zur Gesteinsbildung bei. Zum Teil sind die Kalkkörperchen, die ausgeschieden werden, so klein, dass sie nicht einmal unter einem normalen Mikroskop sichtbar gemacht werden können. Man braucht schon die Vergrößerung eines Elektronenmikroskops. Ein großer Teil der Kreidefelsen auf Rügen, in Dänemark und Südengland wird aus solchen winzigen Hartteilen von

Riffgestein aus den nördlichen Kalkalpen

Kalkalgen, den so genannten Coccolithen, gebildet. Die Anzahl der Coccolithen, die erforderlich ist, um ein ganzes Gestein aufzubauen, übersteigt unser Vorstellungsvermögen bei weitem.

Geologisch gesehen sind Riffe Gebilde,

FOSSILE RIFFE

die von Korallen, Algen, Schwämmen und anderen Organismen – so genannten Riffbildnern – aufgebaut werden und sich am Meeresboden auftürmen. Diese Riffbildner scheiden Kalk ab, aus dem die fossi-len Riffe im Laufe von Jahrtausenden und Jahrmillionen entstanden sind. Daneben finden wir in Riffen fossile Schnecken, Muscheln, Seelilien, Seeigel und andere Lebewesen. Riffe wachsen meist in den flachen Meeresregionen der Tropen. Die ältesten Fossilien, die Riffgesteine bildeten, sind über zwei Milliarden Jahre alt. Dies waren mikroskopische Bakterien, Algen und Pilze. Die lagen- oder wellenförmigen, säulenartigen und kugelförmigen Gebilde, die entstanden, nennt man Stromatolithen. Riffe aus Stromatolithen bildeten lange Zeit die wichtigsten Kalkgesteine. Die Stromatolithen sind nicht ausgestorben, es gibt sie auch heute noch – allerdings nur in Lebensräumen mit extremen Bedingungen wie zum Beispiel hohen Salzgehalten. Vor etwa 540 Millionen Jahren, als Organismen mit festen Schalen weit verbreitet waren, bildeten auch urtümliche Schwämme, die Archaeocyathinen, kalkige Skelette. Diese konnten gemeinsam mit Algen Riffkörperchen von einigen Metern Größe bilden. Dennoch dauerte es etliche Millionen Jahre, bis altertümliche Schwämme und Korallen riesige Riffkörper aufbauten, die uns heute weltweit fossil überliefert sind.

Im Erdmittelalter entwickelten sich die

MODERNE RIFFE

modernen Korallen. Sie leben mit mikroskopisch kleinen Algen zusammen und sind daher in der Lage, besonders schnell ein festes Kalkgerüst zu errichten. Moderne Riffe sind äußerst komplexe Gebilde, die heute unzähligen Tieren und Pflanzen einen Lebensraum bieten.

Fossile Zweige und Beeren
einer Linde

Fossile Lorbeerblätter aus
dem Tertiär (Österreich)

liefert werden. Spätestens seit dem Kambrium gibt es aber auch Algen, die ein Gerüst aus Kalk aufbauen und so fossil erhaltungsfähig sind.

Obwohl Sporen von Landpflanzen bereits aus dem Ordovizium bekannt sind, gelang es höher entwickelten Pflanzen erst relativ spät, das Festland zu erobern. Zunächst wurden im späten Silur und frühen Devon die feuchten Sümpfe an den Küsten besiedelt. Im Devon breiteten sich die Pflanzen über die Kontinente aus. Und im Karbon erreichte die Besiedlung des Festlands einen ersten Höhepunkt. Zahlreiche Kohlelagerstätten in Europa, Asien und Amerika zeugen davon.

Welche Pflanzen sind fossil überliefert?

Ursprünglich war das Leben auf das Wasser, also auf die Meere, beschränkt. Wasserpflanzen wie Algen und Tang verwesen leicht und können daher kaum fossil überp-

Versteinerte Zapfen eines
Nadelbaums (Argentinien)

DIE PFLANZEN mussten eine ganze Reihe von Dingen neu „erfinden", um an Land leben zu können: Sie mussten Hartteile entwickeln, um aufrecht stehen zu können. Ferner mussten sie Wasser von den Wurzeln in die Pflanze pumpen. Außerdem entwickelten sie Stoffe wie Harze, um Fressfeinde abzuwehren und „Wunden" zu verschließen.

Im frühen Devon besiedelten kleine Landpflanzen die Küstengebiete. Bereits im späten Devon gab es mehrere Meter hohe Bäume.

Fossiler Zweig

FOTOSYNTHESE

Nur Pflanzen, Pilze und einige Bakterien sind in der Lage, mithilfe einfacher chemischer Reaktionen Energie zu gewinnen und sich so mit Nährstoffen zu versorgen. Eine der wichtigsten „Erfindungen" hierfür war die Fotosynthese. Sie ermöglicht es den Pflanzen, mithilfe des Sonnenlichts Kohlendioxid aus dem Wasser oder der Luft in organische Substanzen umzuwandeln, die die Wurzeln, Stängel und Blätter aufbauen.

Wenn die Bestandteile der Landpflanzen rasch im Sediment eingebettet werden, können sie als Abdruck, als kohlige Reste, als Bernstein oder sogar in ihrer ursprünglichen Form und Substanz erhalten sein. Daher wissen wir, dass auch die Pflanzen während der Erdgeschichte großen Veränderungen unterworfen waren.

Die ersten höher entwickelten Landpflanzen wurden nur wenige Zentimeter groß und bestanden aus einem Stämmchen, von dem aus sich die Zweige weiter gabelten. Blätter und richtige Wurzeln fehlten noch. Von den verschiedenen Pflan-

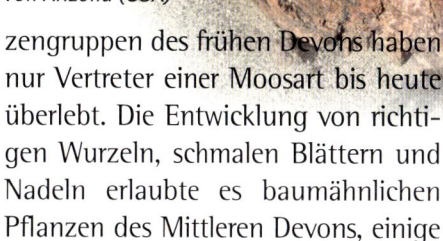

Versteinerte Baumstämme aus der Trias von Arizona (USA)

Im Karbon bedeckten üppige Wälder, bevölkert von Amphibien, Reptilien und Insekten, die tropischen Gebiete der Erde.

zengruppen des frühen Devons haben nur Vertreter einer Moosart bis heute überlebt. Die Entwicklung von richtigen Wurzeln, schmalen Blättern und Nadeln erlaubte es baumähnlichen Pflanzen des Mittleren Devons, einige Meter groß zu werden.

Aus dem späten Devon sind uns erste Wälder mit bis zu zehn Meter hohen urtümlichen Bäumen überliefert. Die flächige Eroberung der Festländer setzte voraus, dass sich die Pflanzen durch Pollen und Samen vermehren konnten, da sie Trockenzeiten besser überstehen konnten als Sporen. Dieser Schritt gelang der Evolution im späten Devon, sodass die Landpflanzen sich in geologisch relativ kurzer Zeit ausbreiten konnten.

In den Kohlewäldern des Oberkarbon wuchsen Bäume, Schachtelhalme und Baumfarne, die zum Teil bis zu 40 Meter hoch werden konnten. Da diese Bäume noch kein geschlossenes Blätterdach hervorbrachten, drang reichlich Sonnenlicht bis zum Boden vor, um auch dort einen üppigen Pflanzenwuchs zu ermöglichen.

Das feuchtwarme Klima, das im Karbon in Europa und Nordamerika herrschte, wandelte sich im Perm: Es wurde trocken und heiß. Dementsprechend passte sich die Flora den neuen Bedingungen an und Kiefern beherrschten die Vegetation. Laubbäume sind hingegen erst seit der Kreidezeit bekannt.

Seit wann gibt es Tiere an Land?

Die Besiedlung der Festländer durch Pflanzen schuf an Land eine Nahrungsgrundlage. Sie ermöglichte es den Tieren, das Wasser zu verlassen und das Festland zu bewohnen. Dafür waren jedoch viele Anpassungen an die neue Umgebung nötig: Die Tiere mussten sich vor dem Austrocknen schützen und die Atmung von Kiemen auf Lungen oder Tracheen umstellen. Um sich an Land fortbewegen zu können, war es erforderlich, dass sie festere Knochen ausbildeten und Gliedmaßen wie Arme und Beine entwickelten.

Diesen Übergang vom Wasser zum Land bewältigen heute noch nahezu alle Amphibien während ihres Lebenszyklus. So entwickeln sich zum Beispiel aus Froschlaich zuerst Kaulquappen, die noch im Wasser leben. Mit der Zeit bilden sie Beine und Lungen aus und schließlich verlassen die Frösche

Ein fossiler Frosch aus Messel

das Wasser. Ähnliches hat die Evolution in einem unvorstellbar langen Zeitraum vollzogen: Fische haben Lungen entwickelt und Flossen zu Beinen und Füßen umgebildet. In Gesteinen des Devons fand man ein Tier, das noch an einen Fisch erinnerte, aber schon Beine ausgebildet hatte: Ichthyostega. Er stellt somit ein Bindeglied zwischen Fischen und Amphibien dar.

Die Amphibien folgten den Pflanzen schon sehr bald im Devon auf das Land. In den Steinkohlewäldern des Karbons herrschte bereits ein reges Leben: Pflanzen, Würmer, Insekten und andere kleinere Tiere dienten den Amphibien als Nahrung. Durch die Luft schwirrten riesige Libellen. Im Perm herrschte ein überwiegend heißes und trockenes Klima, die Meere zogen sich zurück und Sumpfgebiete trockneten aus. Dadurch wurde der Lebensraum der Amphibien stark eingeschränkt. Für Reptilien hinge-

Fossile Schlange aus Messel

ICHTHYOSTEGA

Fossile Überreste von Ichthyostega hat man auf Grönland gefunden – sie sind ungefähr 380 Millionen Jahre alt. Der Name setzt sich aus den griechischen Worten „Ichthys" für „Fisch" und „Stega" für „Schädel" zusammen. Dieser Vierfüßer war etwa einen Meter lang, hatte einen länglichen Schädel mit tiefen Augenhöhlen, kurze kräftige Gliedmaßen und einen Schwanz mit Schwanzflosse. Ichthyostega verbrachte noch mehr Zeit im Wasser als an Land – seine Gliedmaßen waren vermutlich besser zum Schwimmen als zum Laufen geeignet.

Die Amphibie Eryops megacephalus lebte im frühen Perm.

Ichthyostega gilt als Bindeglied zwischen Fischen und Amphibien.

Der Braddysaurus baini lebte im späten Perm und gehört zu den Vorfahren aller späteren Reptilien.

ÜBERLEBENDE

Die neuseeländische Brückenechse ist die einzig überlebende Art einer frühen Ordnung von Reptilien, die vor mehr als 200 Millionen Jahren lebte. Sie besitzt primitive Merkmale wie ein sehr einfaches Herz und Schädelknochen, die nicht wie bei heutigen Eidechsen angeordnet sind, sondern wie bei Krokodilen und Dinosau-

riern. Die Brückenechse konnte überleben, da Neuseeland schon so lange als Insel isoliert ist, dass die Echse keine Konkurrenz hatte.

gen, die sich von den Amphibien abspalteten, entstanden ideale Bedingungen. Sie legten ihre Eier auf dem Festland ab, wodurch ihr Nachwuchs nicht mehr auf das Wasser angewiesen war. Im dann folgenden Erdmittelalter beherrschten die Reptilien die Festländer.

Bis heute sind die Reptilien eine

Wie entwickelten sich die Reptilien?

äußerst erfolgreiche Tiergruppe. Sie stellen eine wichtige Verbindung zwischen den Amphibien und den Säugetieren dar. Die wohl spektakulärsten Formen unter den Reptilien haben die Dinosaurier hervorgebracht. Die ältesten Reptilien, die Cotylosaurier, traten bereits im Karbon auf. Ihre Nachfahren, die Schildkröten, leben bis heute und haben neben dem Festland auch wieder Seen und das Meer als Lebensraum zurückerobert. Die ältesten fossilen Schildkröten wurden in Schichten aus dem Perm in Südafrika und der Trias in Deutschland bei Halberstadt gefunden.

Reptilien sind bis

Hylonomus gehört zu den ältesten bekannten Reptilien.

heute wechselwarme Tiere. Das heißt, sie passen ihre Körpertemperatur der Umgebung an. Bei niedrigen Außentemperaturen lassen sie in ihrer Beweglichkeit nach und verfallen in eine Starre. Nur die Vögel und die Säugetiere sind Warmblüter und können ihre Körpertemperatur steuern. Sie bleiben auch bei Kälte aktiv.

Um die Sonne besser ausnutzen zu können, bildeten einige frühe Saurier im Perm, wie zum Beispiel Dimetrodon, eine Art Sonnensegel aus. Dadurch vergrößerte sich ihre Oberfläche und sie konnten mehr Wärme aufnehmen. Vorteilhaft wäre es auch gewesen, sich gegen Wärmeverluste schützen zu können, ähnlich wie es Vögel durch ihre Federn und Säugetiere durch ihr Fell tun. Heute glaubt man, bei einigen Flugsauriern bis zu sechs Millimeter lange Härchen nachgewiesen zu haben, die möglicherweise eine dichte Behaarung gebildet haben. Es ist daher denkbar, dass sich einige Saurier bereits zu Warmblütern entwickelt hatten und ihre Körpertemperatur steuern konnten.

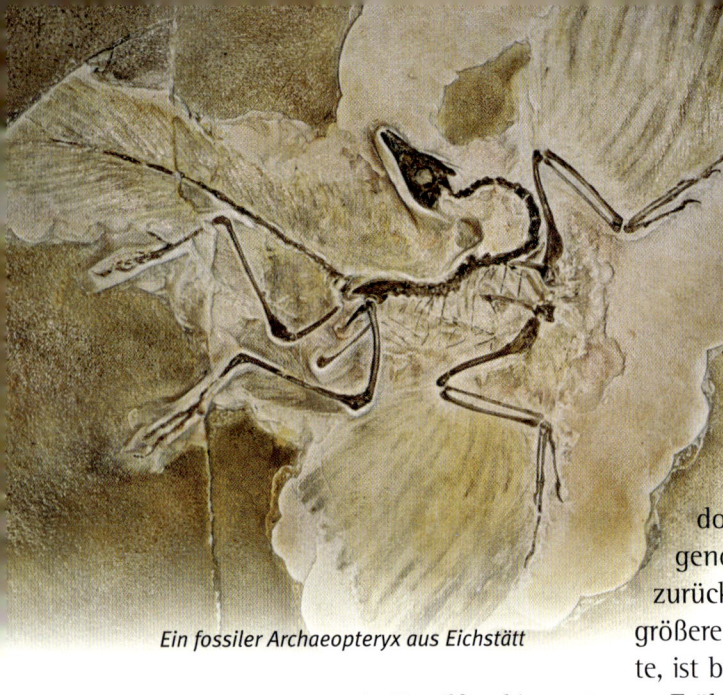

Ein fossiler Archaeopteryx aus Eichstätt

Ist der Archaeopteryx ein Vogel?

1861 erregte ein Fossilfund im 150 Millionen Jahre alten Plattenkalk von Solnhofen weltweit Aufsehen. Man hatte dort ein versteinertes Tier gefunden, das Merkmale von Flugsauriern, aber auch ein Federkleid besaß. Die Paläontologen tauften das Tier Archaeopteryx, was so viel wie Urvogel (eigentlich Urflügel) bedeutet. Bis heute hat man neun Exemplare dieses Urvogels in der Gegend um Solnhofen und Eichstätt in Bayern gefunden.

Vögel sind die einzigen Wirbeltiere, die ein Federkleid besitzen. Einige andere Kennzeichen haben sie mit den Reptilien gemeinsam: zum Beispiel die Schuppen an Beinen und Füßen, ein Kugelgelenk zwischen Schädel und Hals sowie ein charakteristisches Mittelohrknöchelchen. Aber auch die Tatsache, dass beide Eier legen, deutet auf die Verwandtschaft hin.

Archaeopteryx hatte zwar Federn, aber auch Merkmale, die bei heutigen Vögeln nicht mehr zu finden sind: Zähne, eine lange Schwanzwirbelsäule und drei Krallen an jedem Flügel. Man vermutet, dass er die Krallen nutzte, um auf Bäume zu klettern und von dort aus kleinere Strecken fliegend beziehungsweise gleitend zurückzulegen. Ob er auch über größere Entfernungen fliegen konnte, ist bis heute nicht geklärt.

Früher haben die Wissenschaftler heftig darüber gestritten, ob der Archaeopteryx eher ein Vogel oder ein Flugsaurier sei. Heute wird er wegen seiner Federn den Vögeln zugerechnet, gilt aber dennoch aufgrund seiner Besonderheiten als Bindeglied zwischen Reptilien und Vögeln. Nicht zuletzt dank der spektakulären Fossilfunde von Solnhofen sind sich die Wissenschaftler heute sicher, dass die Vögel von den Reptilien abstammen.

MISSING LINK

Der Übergang von einer Tiergruppe in eine neue vollzog sich häufig relativ schnell, sodass Übergangsformen nicht fossil überliefert sind. Diese fehlenden Bindeglieder werden als „missing links" bezeichnet. In diesem Zusammenhang ist der Archaeopteryx ein besonders faszinierendes Fossil, da er es uns gestattet, gleichsam in die „Werkstatt" der Evolution zu blicken. Er zeigt uns beispielhaft, wie durch die „Experimentierfreudigkeit" der Evolution ein eigentlich bewährtes Modell – die Reptilien – durch die Ausstattung mit neuen, vorteilhaften Merkmalen – den Federn – zu einer neuen, erfolgreichen Tiergruppe weiterentwickelt wurde.

Der Archaeopteryx hatte wie die heutigen Vögel Federn, aber auch Zähne und Krallen an den Flügeln, was ihn von modernen Vögeln unterscheidet.

Fossiler Panzer eines Krebses, Eichstätt

Fossiler Fisch, Eichstätt

FUNDSTÄTTE SOLNHOFEN

Eine bedeutende deutsche Fossillagerstätte befindet sich nahe der Städte Solnhofen und Eichstätt in Bayern. In den Steinbrüchen um Solnhofen wurden über 200 Jahre lang Plattenkalke des späten Jura abgebaut, die aus sehr feinkörnigem Kalkschlamm entstanden sind. Dieser Plattenkalk eignete sich hervorragend, um Steindrucke (Lithographien) anzufertigen, und wird noch heute als Baumaterial verwendet. Da der Lithographenkalk sehr wertvoll war, wurde er nicht maschinell, sondern mit der Hand gespalten. So konnte eine große Vielfalt von Fossilien geborgen werden. Auch heute kann man in den Steinbrüchen noch zahlreiche Fossilien sammeln oder im nahe gelegenen Juramuseum in Eichstätt besichtigen.

Im späten Jura herrschte hierzulande ein warmes Klima. Wo sich heute die Alpen erheben, lag ein Ozean. Das heutige Süddeutschland war von einem flachen Meer bedeckt und durch Riffe und Inseln gegliedert. Zwischen den Riffen wurde in tieferem Wasser, den so genannten Wannen, feinkörniger Kalk- und Tonschlamm abgelagert. Wegen des warmen Klimas war die Verdunstung hoch und im zurückbleibenden Meerwasser sammelten sich die gelösten Salze. Da salzreiches Meerwasser schwerer als normales ist, sanken die schweren Lösungen nach unten und füllten die Wannen mit warmem, sauerstoffarmen Salzwasser.

Das tiefere Wasser war daher so lebensfeindlich, dass vorwiegend Bakterien die Böden der Wannen besiedelten. Im Oberflächenwasser hingegen war genügend Sauerstoff gelöst, um zahlreichen

Wegen der besonderen Erhaltungsbedingungen sind in Solnhofen sogar zarte Libellen (oben) und Pflanzen (rechts) erhalten.

Tieren ein Leben zu ermöglichen. Dabei unterschieden sich die Lebensbedingungen von Ort zu Ort. Bei Solnhofen reichte der Sauerstoff noch aus, dass tote Fische verwesen konnten und nur die Skelette erhalten blieben. In der Eichstätter Wanne blieben die Weichkörper so lange erhalten, bis sie von Bakterien überzogen waren, die ganz feinkörnigen Schlamm abschieden. So konnten ganze Fische als Abdruck erhalten werden.

Bis heute wurden über 700 Tier- und Pflanzenarten aus den Solnhofener Plattenkalken identifiziert und vermutlich werden noch weitere hinzukommen.

Ausgrabungen im Dinosaur National Monument (USA)

entscheidenden Gründe für ihren „Erfolg" gewesen sein: Dinosaurier mussten nicht kriechen, da sich ihre Beine nicht seitlich, sondern unterhalb des Körpers befanden. Dadurch konnten sie sich trotz ihres zum Teil immensen Gewichts relativ schnell und Kraft sparend fortbewegen. Ein weiteres wichtiges Kennzeichen ergibt sich hieraus: Sie lebten auf dem Land. Flugsaurier wie Pteranodon und Meeressaurier wie Ichthyosaurus zählen nicht zu den Dinosauriern.

Dass wir dies alles wissen, verdanken wir den Fossilien und den Paläontologen, die sie finden und untersuchen.

Eine der größten Fundstellen von Dinosaurierknochen befindet sich im amerikanischen Bundesstaat Utah: das „Dinosaur National Monument". Seit seiner Entdeckung im Jahr 1909 durch den Paläontologen Earl Douglas wurden dort Tausende Dinosaurierknochen und mehrere fast vollständige Skelette aus der Jurazeit gefunden. Besucher können über 1500 Fundstücke in einem überdachten Steinbruch bestaunen.

Wann lebten die Dinosaurier?

Die Dinosaurier gehören sicher zu den bekanntesten ausgestorbenen Tieren, deren Existenz durch Fossilien belegt ist. Die Fossilfunde geben uns eine Vorstellung davon, wie vielfältig, gewaltig, aber auch gefährlich diese Tiere waren. Dabei sind Dinosaurier nicht nur faszinierend, sondern sie waren auch eine überaus erfolgreiche Spezies. Denn sie bevölkerten die Erde von der Trias bis zum Ende der Kreidezeit, also rund 180 Millionen Jahre lang. Dinosaurier sind Reptilien und gehören damit biologisch in die gleiche Klasse wie Schlangen, Echsen und Schildkröten. Im Unterschied zu diesen konnten sie aber viel besser laufen. Das dürfte einer der

DINOSAURIERFUNDE

Im 19. Jahrhundert machte man die ersten bedeutenden Funde von Dinosaurierfossilien. Als Erster erkannte Professor Richard Owen, dass die verschiedenen Fossilien zu einem eigenen Reptilientyp gehörten. Er schlug 1841 den Namen „Dinosaurier", was soviel wie „Schreckensechse" oder „schrecklich große Echse" bedeutet, für alle Vertreter dieser Gruppe vor.

Forscher säubern die Knochen eines Titanosaurus.

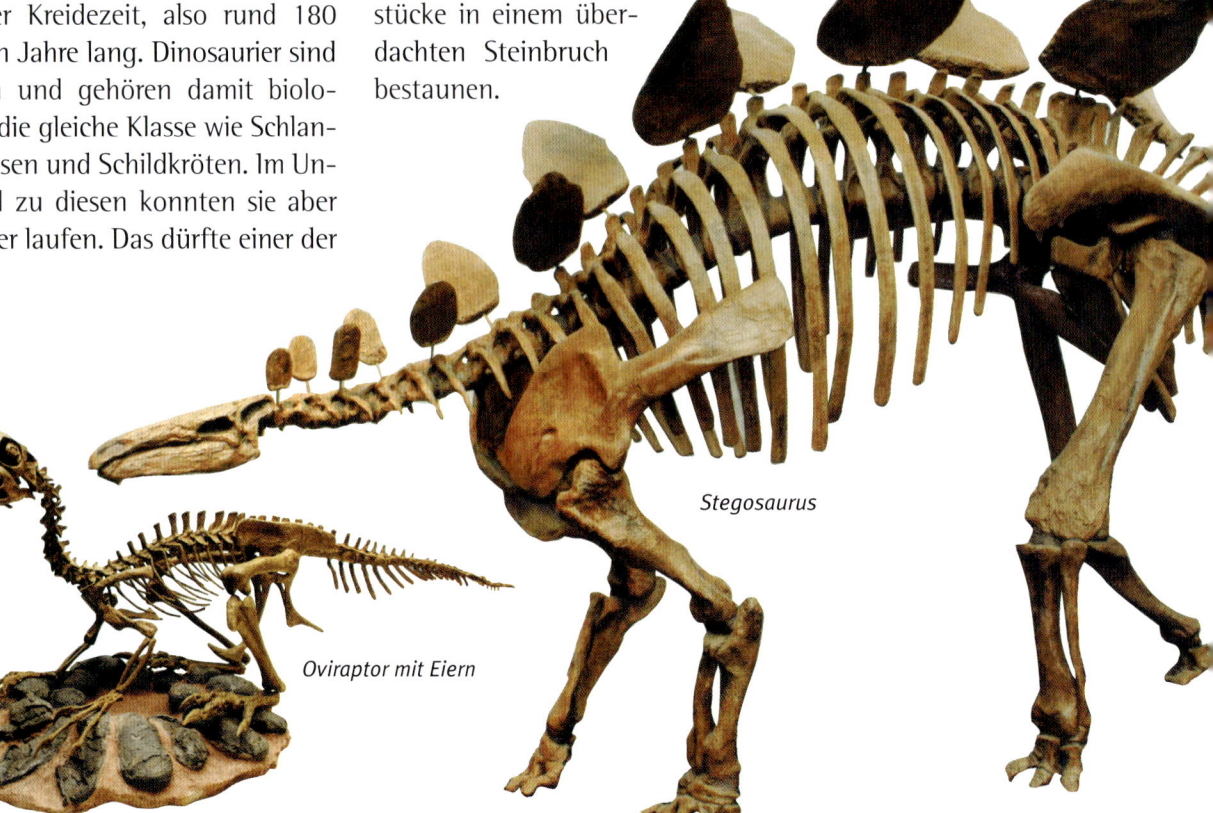

Stegosaurus

Oviraptor mit Eiern

Schädel: *Öffnungen im Schädeldach erlauben es, die Reptilien in verschiedene Großgruppen zu gliedern. Auch können Forscher die Größe des Gehirns ermitteln.*

Der **Knochenbau** liefert Hinweise, wie tragfähig das Skelett war. Aus den Muskelansätzen ziehen Forscher Rückschlüsse auf Kraft, Schnelligkeit und Beweglichkeit der Tiere.

Zähne *haben entsprechend ihren Aufgaben unterschiedlichste Formen entwickelt. Mit flachen Zähnen wurden Muscheln geknackt oder Pflanzen zermahlen, scharfe dolchartige Zähne deuten auf eine räuberische Lebensweise hin.*

Fußabdrücke: *Aus der Tiefe der Fußabdrücke kann auf das Gewicht des Tieres geschlossen werden. Außerdem verraten sie, ob es die Füße unter dem Körper oder seitlich trug, wie schnell es sich fortbewegen konnte, ob es Einzelgänger oder Herdentier war.*

Versteinerte Ausscheidungen *(Koprolithen) oder der Mageninhalt verraten, was die Tiere gefressen haben.*

Eier *verraten etwas über Größe und Anzahl der Jungen. Aus der Struktur der Schale kann auf die Verwandtschaft (z. B. zu den Vögeln) geschlossen werden. Fehlentwicklungen der Schalenstruktur zeigen, dass die Tiere schon damals unter Stress gelitten haben.*

Wie kommt der Dino ins Museum?

Ausgrabungen haben unterschiedlichste Fossilien von Dinosauriern zutage gefördert: Knochen, versteinerte Zähne und Eier, aber auch Hautabdrücke und Fußspuren.

Bevor ein Fundstück allerdings in einem Museum ausgestellt werden kann, bedarf es meist mehrerer Jahre mühsamer Kleinarbeit. Wird zum Beispiel ein Saurierknochen gefunden, muss er häufig zunächst mit chemischen Mitteln getränkt und gehärtet werden, da er sonst zerfallen würde. Dann versucht man, den Knochen mit dem umgebenden Gestein zu gewinnen.

Um Beschädigungen beim Transport zu vermeiden, wird das Fundstück dafür oft eingegipst. Mit der eigentlichen Präparation beginnen die Wissenschaftler erst im Labor. Die Knochen werden von dem umgebenden Gestein befreit und zugleich weiter gefestigt.

Schließlich setzen die Paläontologen das ursprüngliche Skelett des Tieres aus den einzelnen großen bis kleinsten, meist verstreut gefundenen Fundstücken wieder zusammen – wie bei einem Puzzle, bei dem allerdings viele Stücke fehlen. Dabei müssen sie beurteilen, welche Knochen einer Fundstelle zu ein und demselben Tier gehören, wie dieses wohl ausgesehen und gelebt hat.

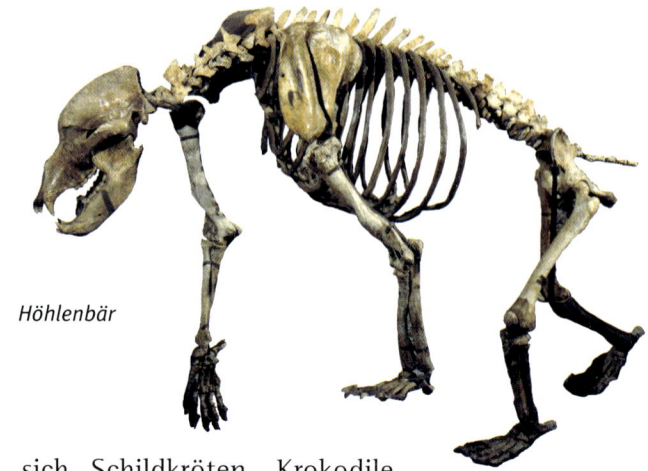

Höhlenbär

Wie entwickelten sich die Säugetiere?

Die ältesten bekannten Fossilien von Säugetieren stammen von kleinen, mausgroßen Tieren. Zu Lebzeiten der Saurier blieben die Säugetiere relativ klein und entwickelten sich im „Schatten" der großen Reptilien. Erst nach deren Ende vor 65 Millionen Jahren nahm die Vielfalt an Säugetieren zu. Sie reicht heute von Pflanzen fressenden Huftieren, die in Herden grasen, bis zu großen Fleischfressern wie Wölfen oder Bären.

Seit Beginn des Tertiärs begann der stürmische Aufstieg der Säugetiere. Damals wurde der Grundstein für die Entwicklung der modernen Tierwelt gelegt. Dass wir hierüber so gut Bescheid wissen, ist auf zahlreiche Fossilienfunde zurückzuführen. In diesem Fall ist eine Lagerstätte in Deutschland von besonderer Bedeutung: die Grube Messel bei Darmstadt.

Vor etwa 50 Millionen Jahren war dort ein Explosionskrater entstanden und hatte sich mit Wasser gefüllt. Um den stillen See wuchsen Palmen, im Wasser tummelten sich Schildkröten, Krokodile, Fische und Frösche, denn zu dieser Zeit war es dort noch warm und feucht. Auch das umgebende Land war von zahlreichen Tieren bewohnt, die zum See kamen, um ihren Durst zu stillen. Manchmal stürzten sie dabei ins Wasser und ertranken. Neue Forschungen lassen sogar vermuten, dass das Wasser zu bestimmten Jahreszeiten durch giftige Bakterien verseucht war, sodass die trinkenden Tiere betäubt ins Wasser fielen und auf diese Weise starben. Dadurch wurden auch viele Landtiere im Schlamm des Messeler Sees eingebettet und hervorragend konserviert. Unter ihnen finden sich Käfer, Fledermäuse, Schlangen und Säugetiere.

DIE GRUBE MESSEL bietet einen einzigartigen Einblick in die Entwicklung der Säugetiere. Ihre Entstehung verdankt sie einem starken Vulkanismus, der vor etwa 60 Millionen Jahren in Deutschland einsetzte, und bis vor fast 10 000 Jahren andauerte. Nicht immer drang die flüssige Lava bis ganz an die Erdoberfläche vor. Gelegentlich erreichte sie nur das Grundwasser, das dann plötzlich verdampfte und Explosionskrater hinterließ.

Das Mammut lebte vor rund 10 000 Jahren. Es hatte bis zu fünf Meter lange gebogene Stoßzähne.

Wo wurde das berühmte Urpferdchen gefunden?

Ein Fund in der Grube Messel erregte besonders die Aufmerksamkeit der Wissenschaftler: das Fossil eines Pferdes, das nur 50 Zentimeter groß war und noch keine richtigen Hufe hatte. Das so genannte „Messeler Urpferdchen" galt als wissenschaftliche Sensation, da mit seiner Hilfe die Entwicklung der Pferde aufgezeigt werden konnte.

Weitere Urpferdchen wurden im Geiseltal bei Halle an der Saale gefunden. Dort waren die Tiere in Sümpfe geraten und verendet. Ihre Fossilien blieben im Moor erhalten und haben über Jahrmillionen hinweg auch die Umwandlung des Torfmoores in

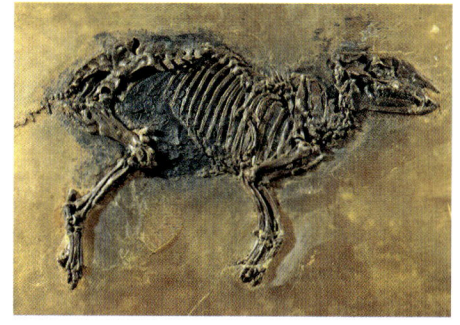

Das berühmte Messeler Urpferdchen (oben) wurde nur 50 Zentimeter groß. Hyracotherium (darunter) gilt als Vorfahr aller Pferde.

Braunkohle überstanden. Die Funde belegen, dass die kleinen Pferdchen in Deutschland weit verbreitet waren.

Ursprünglich stammen die Pferde aus dem heutigen Nordamerika. Wie das Messeler Urpferdchen waren sie nicht größer als Füchse, lebten in den Wäldern und ernährten sich von Laub und Früchten. Erst im Laufe der Evolution wurden sie zu Grasfressern, bewohnten offene Landschaften und gewannen an Größe.

Gegen Ende der letzten Eiszeit starben die Pferde in Amerika aus. Die heutigen Pferde dort sind Nachkommen von Tieren, die spanische Eroberer ab dem 15. Jahrhundert aus Europa mitbrachten.

Ein Riesengürteltier der Gattung Glyptodon

Säbelzahnkatzen bevölkerten viele Millionen Jahre lang die Erde, bevor sie vor rund 10 000 Jahren ausstarben.

Wie entwickelte sich der Mensch?

Menschen gehören – biologisch betrachtet – in die Klasse der Säugetiere und in die Ordnung der Primaten. Die ersten Primaten waren nachtaktive Tiere, die auf Bäumen lebten und eher Eichhörnchen als heutigen Menschen ähnelten.

Affenartige Primaten gab es erstmals vor rund 38 Millionen Jahren. Fossilien dieser Tiere wurden unter anderem in Ägypten, China und Amerika gefunden. Erst vor sieben bis fünf Millionen Jahren trennte sich die Entwicklungsgeschichte des Menschen von der des Menschenaffen.

Unser ältester Vorfahr, der den aufrechten Gang, eine wesentliche menschliche Fähigkeit, entwickelte, war Australopithecus. Dass er nur auf zwei Beinen ging und mit dieser Fortbewegungsart überlebensfähig war, liegt vermutlich daran, dass er sich an die Veränderung seiner Umwelt anpasste: Im ausgehenden Tertiär gab es zunehmend offene Graslandschaften. Durch den aufrechten Gang hatte er einen besseren Überblick und konnte Nahrung oder mögliche Feinde früher erkennen.

Die ältesten Vertreter der Australopithecinen lebten vor vier bis fünf Millionen Jahren im

Faustkeil eines Homo erectus

EINE BEDEUTENDE Fundstätte frühmenschlichen Lebens befindet sich im nördlichen Thüringen in der Nähe von Bilzingsleben. Forscher stießen dort bei Ausgrabungen auf fossile Reste des Homo erectus und den Lagerplatz der Urmenschen, die dort vor 350 000 bis 400 000 Jahren lebten. Zahlreiche Funde von Tierknochen, Werkzeugen und eine Aufteilung des Lagers mit Feuerstellen, Werkplätzen und Wohnhütten lassen auf ein in sozialer Gemeinschaft lebendes, kulturfähiges Wesen schließen.

Der zum Teil rekonstruierte Schädel eines Homo erectus aus Bilzingsleben

Durch die Funde von Bilzingsleben (Thüringen) konnte man rekonstruieren, wie der Homo erectus dort lebte und welche Werkzeuge er nutzte.

östlichen und südlichen Afrika. Die letzten starben vor etwa einer Million Jahren aus. Das bekannteste Fossil eines Australopithecus wurde 1974 in Äthiopien gefunden. Das etwa zur Hälfte erhaltene Skelett wurde von den Forschern „Lucy" getauft. Lucy lebte vor 3,2 Millionen Jahren und war ungefähr 25 Jahre alt und 1,10 Meter groß. Ihr Skelettbau belegt eindeutig, dass sie sich aufrecht fortbewegte.

Am Anfang der Entwicklungslinie zum heutigen Menschen steht der Homo habilis („geschickter Mensch"), der vor etwa 2,5 Millionen Jahren lebte. Die ersten Fossilien, Schädelfragmente und einen Unterkiefer, fand man in Kenia. Anhand solcher Fossilien konnte man rekonstruieren, dass der Homo habilis ein deutlich größeres Gehirn hatte als der Australopithecus. Daraus lässt sich zum Beispiel schließen, dass er vermutlich auch Fleisch gegessen hat, um das große Gehirn zu versorgen, und dass er bereits in der Lage war, einfache Steinwerkzeuge herzustellen. Vor etwa zwei Millionen Jahren tauchte der Homo erectus auf, der weit-

gehend die Gestalt des heutigen Menschen hatte. Erfolgreich entwickelte er verschiedene Kulturtechniken. Insbesondere lernte er, das Feuer zu kontrollieren und zu nutzen und Werkzeuge wie den Faustkeil herzustellen. Der Homo erectus wanderte von Afrika nach Europa und Asien und besiedelte dort tropische und subtropische Regionen.

Den modernen Homo sapiens – die Art, zu der auch wir heute gehören – gibt es erst rund 140 000 Jahre. Die ältesten Skelettfunde stammen aus Äthiopien und Südafrika. Von dort breitete er sich nach Südwestasien und Europa aus, wo er den dort vorherrschenden Neandertaler vor etwa 30 000 Jahren verdrängte.

Dieser Schädel eines Neandertalers wurde in Frankreich gefunden.

ERFOLGSREZEPT

Die Fortbewegung auf nur zwei Beinen bot die Möglichkeit, die Arme zu anderen Zwecken einzusetzen – zum Beispiel, um Werkzeuge zu benutzen. Diese Fähigkeit und das im Laufe der Evolution immer größer werdende Gehirn waren das „Erfolgsrezept" der Spezies Mensch. Tatsächlich hat der heutige Mensch ein Gehirn, das ungefähr dreimal so groß ist wie das seiner menschlichen Vorfahren oder eines Schimpansen.

Modell eines Homo erectus

Ein 3,6 Millionen Jahre alter versteinerter menschlicher Fußabdruck

Lucys Skelett, wie es von Wissenschaftlern rekonstruiert wurde

Spaziergänger halten am Strand nach Fossilien Ausschau.

Fossilien sammeln und präparieren

Was muss ich beim Sammeln beachten?

Fossilien kann man an vielen Stellen finden: zum Beispiel an Küsten oder Flussufern, wo das Wasser sie freigelegt hat, auf Feldern und Äckern mit steinigem Untergrund, an Aufschlüssen, die zum Beispiel beim Straßenbau entstanden sind, oder in Steinbrüchen und Kiesgruben. Nicht überall darf man ohne Erlaubnis sammeln und vor allem in Steinbrüchen und Kiesgruben muss man sehr vorsichtig sein, damit man sich nicht verletzt oder verschüttet wird.

Wenn man ein Fossil gefunden hat, sollte man unbedingt in einer Karte einzeichnen, wo genau der Fundort liegt. Weitere wichtige Informationen sind: Wann habe ich das Fossil gefunden? Wo, in welcher Lage und in welcher Umgebung? Worum handelt es sich vermutlich? Am besten notiert man diese Informationen in einem Notizbuch oder auf Karteikarten. Damit der Fund während des Transports nicht beschädigt wird, packt man ihn in Zeitungspapier. Bei kleineren Fossilien eignen sich auch kleine Schachteln oder Glasröhrchen.

Zu den schönsten und häufigsten Sammelstücken zählen Trilobiten, Brachiopoden, Ammoniten, Belemniten und Seeigel, aber auch Muscheln und Schnecken. Diese Fos-

Studenten suchen bei einer Ausgrabung in der Grube Messel nach Fossilien.

Man muss oft ganz genau hinschauen, um Fossilien zu finden.

„PSEUDOFOSSILIEN"

oder „Falsche Fossilien" werden Bildungen genannt, die Fossilien verblüffend ähnlich sehen können. Sie sind aber ohne Zutun von Organismen entstanden. In Gesteinen können bäumchenförmige Gebilde aus Mangan- und Eisenverbindungen aus dem Grundwasser auskristallisieren, die wie Pflanzen aussehen. Diese oft

sehr hübschen Erscheinungen werden Dendriten (Bäumchen) genannt. Auch im Sediment ausgeschiedene, vorher gelöste Kalke können skurrile Formen annehmen. Da man solche Ausscheidungen sehr oft in Lössböden findet, nennt man sie „Lösskindel".

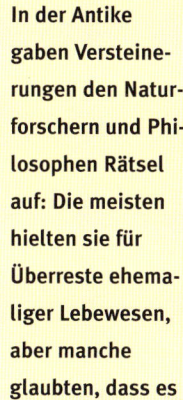

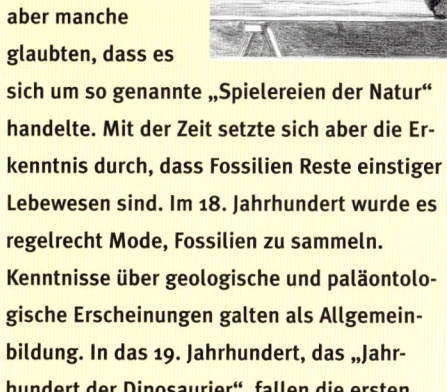

In der Antike gaben Versteinerungen den Naturforschern und Philosophen Rätsel auf: Die meisten hielten sie für Überreste ehemaliger Lebewesen, aber manche glaubten, dass es sich um so genannte „Spielereien der Natur" handelte. Mit der Zeit setzte sich aber die Erkenntnis durch, dass Fossilien Reste einstiger Lebewesen sind. Im 18. Jahrhundert wurde es regelrecht Mode, Fossilien zu sammeln. Kenntnisse über geologische und paläontologische Erscheinungen galten als Allgemeinbildung. In das 19. Jahrhundert, das „Jahrhundert der Dinosaurier", fallen die ersten bedeutenden Ausgrabungen. Bei ihrer Suche nach Fossilien gingen die Forscher nicht immer freundschaftlich miteinander um. Schließlich ging es um die Entdeckung neuer Dinosaurierarten und die Anerkennung von Kollegen und der Öffentlichkeit. Eine dieser Auseinandersetzungen begann um das Jahr 1870 und ging als „Knochenkrieg" in die Geschichte ein. Im Wettlauf um die spektakulärsten Dinosaurierfunde warfen sich die beiden Konkurrenten – die Amerikaner Othniel Charles Marsh und Edward Drinker Cope – gegenseitig Fehler vor und stritten sogar vor Gericht miteinander. Immerhin wurden im Rahmen ihrer Auseinandersetzung zahlreiche Dinosaurierarten entdeckt, darunter die Riesensaurier Brontosaurus und Diplodocus.

silien kann man natürlich nicht überall finden: Trilobiten finden wir nur dort, wo alte Gesteine aus dem Erdaltertum auftreten, wie im Harz, im Rheinischen Schiefergebirge und im Thüringischen Schiefergebirge, in der Umgebung von Prag oder auch in den Karnischen Alpen in Südösterreich und Norditalien.

Auch Brachiopoden sind in diesen Gebieten zu finden. Da sie aber nicht am Ende des Erdaltertums ausgestorben sind, sondern bis heute überlebt haben, kann man sie auch im Muschelkalk und in Kreidegesteinen finden.

Im oberen Muschelkalk ist eine spezielle Gruppe von Ammoniten, die Ceratiten, häufig zu finden. Auch die Gesteine des Jura und der Kreide sind

reich an Ammoniten und Belemniten, die man deshalb in der Schwäbischen und Fränkischen Alb, aber auch in Norddeutschland und einigen Gegenden der Österreichischen und der Schweizer Alpen sammeln kann.

Seeigel sind in Kreidefelsen besonders gut erhalten, da sie dort oft durch Kieselsäure in Feuerstein umgewandelt wurden. Verwittert die weiche Kreide oder wird sie an der Küste durch die Brandung abgetragen, werden die verkieselten Seeigel angereichert. An den Stränden der Nord- und Ostsee kann man sie dann leicht an jenen Stellen finden, wo die Küste wie zum Beispiel auf Rügen von Kreidefelsen gebildet wird.

Wie kann man Fossilien präparieren?

Wer mit dem Sammeln von Fossilien beginnt, braucht sich zunächst nicht auf ein bestimmtes Gebiet festzulegen. Es gibt keine festen Regeln, wie man Fossilien sammeln muss – Hauptsache, es ist interessant und macht Spaß!

Etwas erfahrenere Sammler können sich natürlich spezialisieren und nur bestimmte Fossilien sammeln – zum Beispiel Pflanzen, bestimmte Tiere oder Fossilien aus einer bestimmten Zeit. Sinnvoller ist es aber, sich auf eine spezielle Region zu konzentrieren oder sich zunächst zu informieren, wo man in der näheren Umgebung Fossilien finden kann.

Wenn man ein Fossil entdeckt, schaut oft nur ein kleiner Teil davon aus dem Gestein heraus, in dem es eingebettet ist. Um es ganz betrachten zu können, muss es vom umgebenden Gestein befreit, aus ihm herauspräpariert werden. Handelt es sich bei dem anheftenden Material um Sand oder Ton, kann man es ganz einfach mit Wasser und einer Bürste entfernen. Je härter jedoch das Gestein ist, das das Fossil umgibt, desto kräftigere Werkzeuge muss man einsetzen. Zunächst kann man den Fund mit einer feinen Drahtbürste bearbeiten. Wenn das

Ein Mitarbeiter des Senckenberg Museums in Frankfurt am Main präpariert den Kopf eines fossilen Bisons.

nicht reicht, kann man versuchen, mit kleinen Meißeln das umgebende Gestein in kleinen Stücken abzuschlagen. Aber Vorsicht, dass dabei das Fossil nicht beschädigt wird oder gar zerbricht!

Präparatoren, die diese Tätigkeit als Beruf ausüben, verfügen außerdem über spezielle mechanische Werkzeuge wie Sandstrahlgebläse und Vibratoren, die wie kleine Presslufthämmer arbeiten.

Kommen die Präparatoren mit mechanischen Mitteln nicht zum Ziel, können sie es auf chemischem Wege versuchen. So ist es möglich, mit schwachen Säuren wie Essig Kalke aufzulösen und Fossilien freizulegen, die der Lösung widerstehen. Auf diese Weise kann man Knochen oder in Erz umgewandelte Tierreste gewinnen. Diese Methode ist besonders wichtig für die Gewinnung von Mikrofossilien wie Conodonten, wobei man häufig viele Kilogramm Kalk auflösen muss, um wenige Milligramm Fossilien zu gewinnen.

Eine Paläontologin legt eine fossile Kralle frei.

SÄUREPRÄPARATION

Spezielle Säuren sind sogar in der Lage, praktisch alle existierenden Gesteine aufzulösen. Natürlich sind diese Säuren wie die Flusssäure sehr gefährlich und dürfen daher nur von erfahrenen Präparatoren gekauft und eingesetzt werden. Interessanterweise werden organische Fossilien wie Pflanzenreste von diesen aggressiven Säuren nicht angegriffen und können so aus dem Gestein herauspräpariert werden.

Manche Fossilien zerfallen allerdings, wenn sie der Luft ausgesetzt werden. In solchen Fällen versuchen die Präparatoren zum Beispiel, Knochen mit Kunstharzen zu tränken und sie so zu stabilisieren.

Eine besondere Methode wurde für die Fossilien aus der berühmten Fundstätte Messel entwickelt. Dort sind die Tier- und Pflanzenreste in Ölschiefer eingebettet, der an der Oberfläche schnell in kleinste Stücke zerfällt und dabei die eingeschlossenen Fossilien mit zerstört. Wird in Messel ein Fund geborgen, muss das Fossil bis zur Präparation in einer Flüssigkeit, zum Beispiel in Wasser, aufbewahrt werden. Anschließend wird das Fossil zunächst auf einer Seite freigelegt. Diese Seite wird dann in Kunstharz eingegossen, sodass dann von der Rückseite her das restliche Sediment entfernt werden kann. Abschließend wird auch die Rückseite mit Kunst-

Schublade mit fossilen Muscheln

harz übergossen, sodass das Fossil nun völlig geschützt ist und von allen Seiten bewundert werden kann. Durch sorgfältige Arbeit und mithilfe moderner Technik gelingt es den Wissenschaftlern, Jahrmillionen alte Reste früherer Lebewesen vor dem Verfall zu bewahren und für nachfolgende Generationen zu erhalten.

GIBT ES GEFÄLSCHTE FOSSILIEN?

Fossilien können selten und sehr wertvoll sein. Daher ist es kein Wunder, dass es Fälschungen gibt. Diese können oft nur vom Fachmann erkannt werden. Eine berühmte Fälschung ist fast 300 Jahre alt: die so genannten Würzburger oder Beringerschen Lügensteine. Der Würzburger Johannes Bartholomäus Adam Beringer interessierte sich besonders für Fossilien. 1725 brachten ihm einige junge Leute ein paar Steine, die sie angeblich gefunden hatten. Auf ihnen waren Abdrücke von Pflanzen und Tieren, ja sogar von Sonne, Mond und Sternen zu sehen. Beringer war begeistert und ließ sich in den nächsten

Piltdown-Schädel

Würzburger Lügensteine

Monaten bis zu 2 000 dieser Figurensteine bringen. Er hielt sie für Fossilien und veröffentlichte ein Buch über die „Funde". Kurz danach flog der Schwindel auf! Die jungen Leute hatten sie im Auftrag von Beringers Kollegen angefertigt, die ihm schaden wollten. Noch heute kann man die „Lügensteine" in mehreren Museen betrachten. Eine weitere berühmte Fälschung ist der Piltdown-Mensch. Zwischen 1911 und 1913 fand man nahe der Ortschaft Piltdown in Südengland mehrere Schädelfragmente. Diese Funde gaben der Wissenschaft lange Zeit Rätsel auf: Hatte man einen „missing link" zwischen Affen und Menschen gefunden? Erst Jahrzehnte später fand man mit modernen Untersuchungsmethoden heraus, dass es Fälschungen waren. Der Kiefer eines Affen war so manipuliert worden, dass er einem menschlichen Kiefer ähnelte. Die Schädelfagmente hatte man eingefärbt, sodass sie älter aussahen, als sie in Wirklichkeit waren.

Museumstipps

An Fossilien Interessierte finden im deutschsprachigen Raum viele Museen, in denen man verschiedenste Ausstellungsstücke bewundern kann:

Museum für Naturkunde, Berlin
www.museum.hu-berlin.de
Neben dem berühmten Brachiosaurusskelett geben über 1 800 weitere Fossilien einen Überblick über die Geschichte des Lebens.

Museum für Naturkunde, Dortmund
www.museendortmund.de/naturkundemuseum
Hier gibt es zum Beispiel das Skelett eines Urpferdchens und lebensgroße Nachbildungen von Saurierfährten zu bewundern.

Ruhrlandmuseum Essen
www.ruhrlandmuseum.de
In der geologischen Dauerausstellung „terra incognita" sind zahlreiche Fossilien zu sehen – vom Ammoniten bis zur Rekonstruktion eines Mammutskeletts.

Westfälisches Museum für Naturkunde, Münster
www.lwl.org/naturkundemuseum
Besucher werden am Eingang von riesigen Dinosauriernachbildungen begrüßt und können unter anderem das 16 Meter lange Skelett eines Tyrannosaurus Rex sehen.

Fossiler Elefant im Paläontologischen Museum in München

Naturmuseum Senckenberg, Frankfurt am Main
www.senckenberg.de/museum
Das größte Naturkundemuseum Deutschlands mit fantastischen Fossilien!

Staatliches Museum für Naturkunde, Stuttgart
www.naturkundemuseum-bw.de/stuttgart
Im Bernsteinkabinett oder anhand von Fossilienfunden aus Baden-Württemberg kann man eine Reise in die Erdgeschichte unternehmen.

Urwelt-Museum Hauff, Holzmaden
www.urweltmuseum.de
Flugsaurier, Fische, Seelilien, Ammoniten ... hier sind die besten Fossilien aus Holzmaden zu sehen.

Jura-Museum, Eichstätt
www.jura-museum.de
Schwerpunkt sind die Fossilien der weltberühmten Solnhofener Plattenkalke, darunter ein Exemplar des Urvogels Archaeopteryx.

Grube Messel
www.grube-messel.de
Bei einem Spaziergang oder einer speziellen Expedition für Kinder kann man den Fundort des Urpferdchens besichtigen.

Paläontologisches Museum München
www.palaeo.de/muenchen
Hier kann man Fossilien von Archaeopteryx, Plateosaurus, Säbelzahnkatze und vielen weiteren Tieren sehen.

Naturhistorisches Museum Wien
www.nhm-wien.ac.at
Auf 8 700 Quadratmetern kann der Besucher durch die Erdgeschichte reisen.

Naturhistorisches Museum Basel
www.nmb.bs.ch
Wer sich für Dinosaurier interessiert, ist in der Dauerausstellung richtig.

Kulturama, Zürich
www.kulturama.ch
Das Museum dokumentiert die Entwicklung von Tier und Mensch und führt durch 600 Millionen Jahre Evolution.

WAS IST WAS BAND 71 — **Piraten**

WAS IST WAS BAND 72 — **Heimtiere**

WAS IST WAS BAND 73 — **Spinnen**

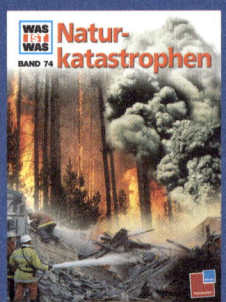
WAS IST WAS BAND 74 — **Naturkatastrophen**

WAS IST WAS BAND 75 — **Fahnen und Flaggen**

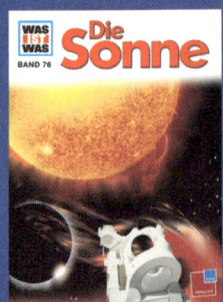
WAS IST WAS BAND 76 — **Die Sonne**

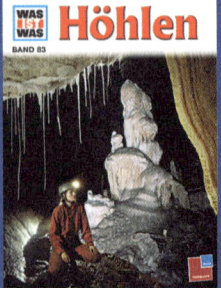
WAS IST WAS BAND 83 — **Höhlen**

WAS IST WAS BAND 84 — **Mumien aus aller Welt**

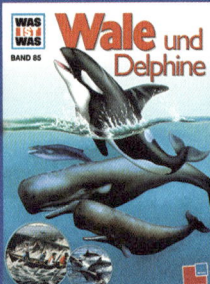
WAS IST WAS BAND 85 — **Wale und Delphine**

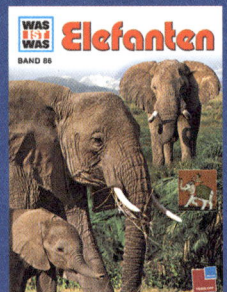
WAS IST WAS BAND 86 — **Elefanten**

WAS IST WAS BAND 87 — **Türme und Wolkenkratzer**

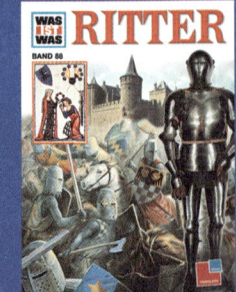
WAS IST WAS BAND 88 — **RITTER**

WAS IST WAS BAND 95 — **Haie und Rochen**

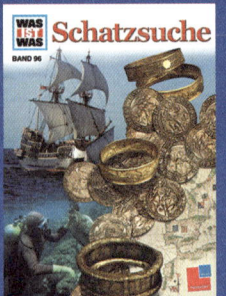
WAS IST WAS BAND 96 — **Schatzsuche**

WAS IST WAS BAND 97 — **Zauberer, Hexen und Magie**

WAS IST WAS BAND 98 — **Kriminalistik**

WAS IST WAS BAND 99 — **Sternbilder und Sternzeichen**

WAS IST WAS BAND 100 — **MULTIMEDIA und virtuelle Welten**

WAS IST WAS BAND 107 — **Pinguine**

WAS IST WAS BAND 108 — **Das Gehirn**

WAS IST WAS BAND 109 — **Das alte China**

WAS IST WAS BAND 110 — **Tiere im Zoo**

WAS IST WAS BAND 111 — **Die Gene**

WAS IST WAS BAND 112 — **Fernsehen**

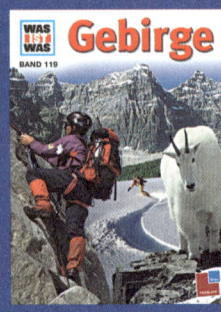
WAS IST WAS BAND 119 — **Gebirge**

WAS IST WAS BAND 120 — **POLIZEI**

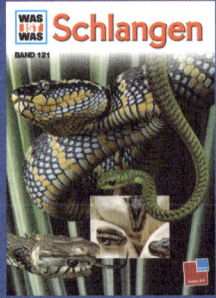
WAS IST WAS BAND 121 — **Schlangen**

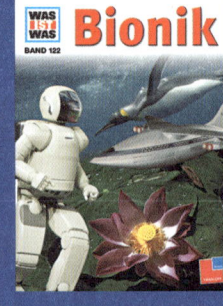
WAS IST WAS BAND 122 — **Bionik**

Die Reihe wird fortgesetzt.